Niklaus Brantschen

Weg der Stille

HERDER spektrum

Band 5480

Das Buch

Stille finden in Zeiten, in denen vieles auf uns einstürzt: Nicht nur Geräusche und Lärm, sondern die vielfältigen Ansprüche, die das Leben stellt. Stille finden bedeutet, innerlich ruhig zu werden, still zu werden und aus dieser Stille kraftvoll nach außen zu wirken. Niklaus Brantschen, bekannter Zen-Meister, Autor und Referent, gibt Orientierungen, wie Stille gefunden werden kann. Er gibt Impulse, die Ruhe für sich zu entdecken, die wir brauchen. Niklaus Brantschen weiß um die Schwierigkeiten, die auf diesem Weg liegen: Kaum haben wir äußere Stille hergestellt, lärmt der Kopf. Und so ist es ein Weg, der immer wieder neu begangen werden will: Stille suchen. Stille ertragen. Stille genießen. Stille loslassen oder verlieren. Stille sein – und daraus den Alltag und die Welt gestalten. Ein Begleitbuch für alle, die Stille suchen und brauchen.

Der Autor

Niklaus Brantschen, geb. 1937, Mitglied des Jesuitenordens, Zen-Meister und langjähriger Leiter des Lassalle-Hauses Bad Schönbrunn in Edlibach, Schweiz. In der Leitung des Lassalle-Instituts für Zen – Ethik – Leadership. Zahlreiche Veröffentlichungen, Seminare, Vorträge.

www.lassalle-institut.org

Bei Herder Spektrum: Erfüllter Augenblick. Wege zur Mitte des Herzens; Fasten neu erleben. Warum, wie, wozu?

Niklaus Brantschen

Weg der Stille

Orientierung in einer lärmigen Welt

Brantschen
19.10.2009

FREIBURG · BASEL · WIEN

Gedruckt auf umweltfreundlichem,
chlorfrei gebleichtem Papier

Originalausgabe

3. Auflage

www.herder.de
Herstellung: fgb · freiburger graphische betriebe 2008
www.fgb.de
Umschlaggestaltung und Konzeption:
R·M·E München / Roland Eschlbeck, Liana Tuchel
Umschlagmotiv: © Francesco Clemente, Nr. XIX. Adyar1985. Aquarell. Nv. 1987.3.19. Öffentliche Kunstsammlung Basel. Kupferstichkabinett
Autorenfoto: Rupy Enzler
ISBN 978-3-451-05480-8

Inhalt

II.
Ein Gang durch die Wüste

III.
Plädoyer für eine Kultur der Stille

Vorwort

Liebe Leserinnen und Leser,
zu meiner Ausbildung im Jesuitenorden gehörte ein längeres Praktikum in einem Gymnasium. Unter anderem hatte ich mehrere Dutzend Jugendliche zwischen vierzehn und siebzehn Jahren bei den Schulaufgaben zu beaufsichtigen. Ruhe sollte im Saal herrschen, und so beschwor ich lautstark eben diese „Ruhe". Ich schrie das Wort förmlich in die Runde. Noch wirkungsvoller, weil schneidend wie ein Schwert, schien mir das lateinische „Silentium". Doch auch damit hatte ich verständlicherweise wenig Erfolg.

In dieser Situation schenkte mir ein guter Freund eine wohlklingende Glocke. Sobald ein Gemurmel im Saal aufkam, schlug ich diese Glocke an, ebenso leise wie wirkungsvoll. Mehr noch als die Glocke – das merkte ich mit der Zeit – wirkte meine innere Ruhe. Es konnte sogar vorkommen, dass ich im Studiensaal am etwas erhöhten Pult sitzend einschlief. Die Jugendlichen respektierten dies durchaus: Ein schlafender Präfekt ist offenbar besser als ein lärmender, der unentwegt „Silentium" schreit.

Jahre sind seither vergangen. Ich durfte viele Menschen auf dem Weg der Stille begleiten – und auch wieder zurück in den Alltag. Da und dort habe ich auch darüber geschrieben, zum Beispiel in den

Veröffentlichungen *Erfüllter Augenblick* und *Du selbst bist die Welt.* Nun ist es Zeit, ein ganzes Buch zum Thema vorzulegen, denn das Bedürfnis nach Stille nimmt zu. Dies bestätigte mir auch Karin Walter vom Herder-Verlag. Mit großer Beharrlichkeit hat sie immer wieder bei mir angefragt, ob ich nicht etwas über Stille schreiben würde. Auf meine Zwischenfrage, warum ihr so sehr daran liege, gestand sie freimütig, sie selber sehne sich nach Stille, und so ergehe es vielen Menschen.

Sehnsucht nach Stille ist das eine, um Stille besorgt sein das andere. In einer Zeit, da der Lärm ins tiefste Tal dringt, wird es vermehrt zu einem Politikum, einer gesellschaftlich-kulturellen Aufgabe, die Stille zu retten und Mensch und Tier vor dem Lärm zu schützen. Zugleich liegt es am einzelnen Menschen, an Gruppen und Gemeinschaften, nach Mitteln zu suchen, die es ermöglichen, die kraftvolle Balance zwischen Stille und Bewegung, Kontemplation und Aktion, Weg nach innen und Weg nach außen zu finden und für das Leben fruchtbar zu machen.

Dieses Buch schrieb ich im Gästehaus des Klosters Wurmsbach am Oberen Zürichsee. Hier hat eine Gruppe Zisterzienserinnen einen Ort geschaffen, von dem seit Jahren wertvolle Impulse für ein zeitgemäßes monastisches Leben ausgehen. Vielseitig begabte Frauen stehen wie selbstverständlich vor Gott und bei den Menschen; sie pflegen die Stille und wirken daraus.

Den Schwestern von Wurmsbach und allen anderen Menschen, die mir beim Entstehen dieses Büchleins behilflich waren, danke ich herzlich. Mein Dank gilt auch Ihnen, liebe Leserinnen und Leser, für die Bereitschaft, sich auf dem ebenso anspruchsvollen wie lohnenden Weg der Stille ein Stück weit von mir begleiten zu lassen.

Lassalle-Haus Bad Schönbrunn
Edlibach / Zug,
Niklaus Brantschen

I.

Stufen des Weges

Die größte Offenbarung ist die Stille.
Lauterkeit und Stille –
das ist die Ordnung der Welt.
(Lao-Tse)

Bei der Vorbereitung dieses Büchleins ging mir immer und immer wieder ein Gedicht von Rainer Maria Rilke durch den Sinn. Plötzlich merkte ich, dass die Stufen des Weges der Stille, wie sie sich in mir mit den Jahren herausbildeten, in Rilkes Gedicht *Wenn es nur einmal so ganz stille wäre* eine Entsprechung haben. Solche Entdeckungen gehören zu den kleinen Freuden beim Schreiben eines Buches.

Das Gedicht findet sich im *Stundenbuch*, und zwar im Buch vom *mönchischen Leben.* Doch das Suchen der Stille ist nicht mehr Mönchen und Nonnen vorbehalten. Oder anders gesagt: „Mönche" und „Nonnen" finden sich überall.

Wenn es nur einmal so ganz stille wäre,
wenn das Zufällige und Ungefähre
verstummte und das nachbarliche Lachen,
wenn das Geräusch, das meine Sinne machen,
mich nicht so sehr verhinderte am Wachen –:

Dann könnte ich in einem tausendfachen
Gedanken bis an deinen Rand dich denken
und dich besitzen (nur ein Lächeln lang),
um dich an alles Leben zu verschenken
wie einen Dank.

Dieses Gedicht Rilkes gibt den Ton an für die einzelnen Stufen auf dem Weg:

Stille suchen
Stille ertragen
Stille genießen
Stille lassen
Stille sein

Stille suchen: Am Anfang steht die Sehnsucht nach Stille. Sie bringt uns in Bewegung und lässt uns nach Zeiten und Räumen der Stille Ausschau halten.

Stille ertragen: Kaum sind wir dem Lärm und der Geschäftigkeit entronnen, haben uns zurückgezogen und sind endlich allein – da möchten wir der eben entdeckten Stille entfliehen statt sie zu ertragen und zu erdulden.

Stille genießen: Der Weg zur Stille duldet keine Abkürzungen. Geduld und ein langer Atem lassen uns schließlich zur Ruhe kommen und Freude an der Stille finden.

Stille lassen: Stille ist nicht Selbstzweck. Wer das Alleinsein anstrebt, ohne die Öffnung auf die andern und auf die Welt hin zu wollen, bleibt in der Innerlichkeit stecken und verliert sich selbst.

Stille sein: Stille als Zustand, als Grundhaltung, die sich in allem Tun und Lassen durchhält, ist das Ziel des Weges.

Es lassen sich also fünf Stufen unterscheiden. Wohlgemerkt: sie lassen sich unterscheiden, nicht trennen. Sie bedingen und durchdringen sich gegenseitig. So ist etwa das Suchen nach Stille nicht nur mühsam, sondern kennt auch Momente des Glücks. Das Bild einer Spirale drängt sich auf. Am vorläufigen Ende des Weges führt – auf einer anderen Ebene – ein weiterer Schritt wieder zum Ausgangspunkt zurück. Wir können stets neu anfangen auf dem Weg der Stille, der niemals endet und an dessen Ziel wir doch schon angelangt sind.

Der Prozess des Weges gleicht einer Spirale die sich entrollt – und wieder einrollt.

1. Stille suchen

Wenn es nur einmal so ganz stille wäre,
wenn das Zufällige und Ungefähre
verstummte und das nachbarliche Lachen,
...

In diesen ersten Versen von Rilkes Gedicht klingt eindeutig die Sehnsucht nach Stille an: Wenn es nur einmal ganz stille wäre! Damit sind wohl zunächst die äußeren Umstände gemeint, die uns davon abhalten, Stille zu suchen und ruhig zu werden: Eine „zufällige" Störung oder Menschen, die vielleicht mein Bedürfnis nach Stille belächeln. Stille ist noch zu wenig gesellschaftsfähig, und trotzdem ist sie da, die Sehnsucht nach Stille und das Bedürfnis, ihr vermehrt Raum zu geben. Wie soll das geschehen? Ich möchte Ihnen bereits an dieser Stelle einige Hinweise geben, die mir persönlich Hilfe waren und immer noch sind.

Sich erinnern

Wenn wir uns Momente tiefen Schweigens vergegenwärtigen, werden wir uns vielleicht inne, dass so etwas Kostbares wie Stille immer schon in uns ist – eine Stille, die uns nicht loslässt. Mit einer Strophe aus Goethes Gedicht *An den Mond* ausgedrückt:

> Ich besaß es doch einmal,
> Was so köstlich ist!
> Dass man doch zu seiner Qual
> Nimmer es vergisst!

Sich erinnern ist eine Hilfe, der Stille auf die Spur zu kommen. Meine frühesten Erfahrungen mit Stille verbinden sich mit einem Gang zur Christmesse. Die Nacht war sternenklar und kalt. Zu hören war nur das Knirschen unserer Schritte auf der verschneiten Straße. Später dann die Glocken vom Kirchturm her. Sonst war alles still. Nur diese fast feierliche Stille ist mir lebhaft in Erinnerung geblieben von jener Weihnacht, da ich sieben war. An die Messe selbst kann ich mich nicht mehr erinnern – ich habe selig geschlafen und bin erst beim Lied *Stille Nacht* wieder aufgewacht.

Auf der Suche nach Erfahrungen mit Stille kommt uns vielleicht diese oder jene Begegnung mit einem lieben Menschen in den Sinn. Wir haben stundenlang geredet und plötzlich verstummt das Gespräch. Wir werden still. Im Schweigen schwingt etwas mit, das beredter ist als viele Worte. Wir schweigen nicht, weil wir uns nichts mehr zu sagen haben, sondern weil das, was unser Herz bewegt, sich besser in einem Blick oder in einer leisen Berührung ausdrücken lässt als in Worten. Es ist ein beredtes Schweigen, das nicht von äußerer Stille abhängig ist. Wir können es bei Liebenden selbst in einem belebten Café beobachten. Das Schweigen, das sie umfängt, strahlt Licht und Wärme aus. Wie sehr unterscheidet es sich von jenem eisigen, tödlichen Schweigen, das Menschen befällt, die sich nichts mehr zu sagen haben!

Dankbar erinnere ich mich an ein Konzert, zu dem mich ein guter Freund eingeladen hat. Der große Saal des Kultur- und Kongresszentrums Luzern war bis auf den letzten Platz besetzt. Auf dem Programm stand unter anderem Ludwig van Beethovens Konzert für Klavier und Orchester Nr. 5, Es-Dur, op. 73. Was ich schon oft sagen hörte, hier durfte ich es erfahren: Es ist der Ton, der die Musik macht; es sind aber auch die Pausen zwischen den Tönen und zwischen den einzelnen Sätzen. Jeder Ton wird aus der Stille geboren, wird, solange er klingt, von Stille umgeben und klingt schließlich in die Stille aus.

Möchten Sie Mozart gewesen sein? In dieser dichten Betrachtung von Peter Bichsel zu Mozarts Credo-Messe ist nachzulesen, wie es dem Schriftsteller beim

Hören und Schreiben ergangen ist: „Ich habe die Credo-Messe tagelang, wochenlang gehört, als ich versuchte, diesen Text zu schreiben. Und je mehr ich sie hörte, desto weniger wollte mir einfallen. Musik schlägt einem die Wörter aus den Händen, Musik macht sprachlos.

Ein Dasein ohne Sprache – ich kann mir das immer wieder schwer vorstellen – aber so etwas muss es geben, die Verliebten wissen es. Hie und da gibt es nichts mehr zu sagen, und Musik ist Einüben in das Schweigen."[1]

Es ist also hilfreich, sich an Momente kraftvoller Stille zu erinnern, an erfüllte Augenblicke, die uns und unsere Welt zum Klingen gebracht haben. Solche Momente helfen uns, es mit der Stille wieder oder wieder einmal zu versuchen. Dabei empfiehlt es sich, bei dem zu beginnen, was da ist, nämlich beim Atem und beim Leib.

---

[1] Peter Bichsel, Möchten Sie Mozart gewesen sein? Stuttgart 1999, S. 11.

Stille sitzen und atmen

Stille sitzen und atmen, das klingt einfach – ist es aber nicht. Versuchen wir es:

Wir nehmen Platz auf dem Kissen, Schemel oder Stuhl und richten uns gut auf. Das Becken ist jetzt leicht nach vorne gekippt, wir sind ganz gestreckt, in einer guten Spannung, aber zugleich gelöst. Die Hände liegen im Schoß. Oder wir legen, etwas formeller, die linke offene Hand in die rechte, die Daumenspitzen berühren sich. Die Handkanten liegen (auf der Seite der kleinen Finger) am Unterleib. Den Kopf lassen wir locker auf der gestreckten Wirbelsäule ruhen. Die Augen richten wir vor uns auf den Boden. Sie bleiben also offen. Der Mund ist geschlossen, aber nicht verbissen. Nun achten wir auf den Atem, spüren wie er ein- und ausströmt, ganz natürlich und ruhig, wie von selbst. Bei jedem Ausatmen lassen wir alle Vorstellungen, Gedanken und Bilder los. Fangen wir an zu träumen und zu fantasieren, können wir jederzeit zur Übung zurückkehren. Der Atem ist da, er verlässt uns nicht. Wir lassen uns Zeit. Einatmen – ausatmen; einatmen – ausatmen, *aufatmen*! Atem ist Leben. Er hilft uns in der einzigen Zeit zu leben, die uns wirklich gehört, in der Gegenwart.

Mein Atem heißt jetzt lautet der Titel eines Büchleins von Rose Ausländer. In einem Gespräch nach diesem programmatischen Titel befragt, antwortet die Dichterin: „Das Wort ‚jetzt‘ verstand ich als

Gegenwart im allgemeinen Sinn und als schöpferischen Augenblick im besonderen."[2]

Vielleicht greifen Sie auch einmal zum Büchlein *Lebendige Stille* von Silvia Ostertag.[3]

Dort finden Sie Übungstexte, die ebenso klar wie einfach sind. Zum Beispiel:

Endlich wieder

Endlich sitzt man wieder da.
Man hat sich durchgerungen
trotz des Dringenden,
das laut zu rufen schien.

Man hat die Tür hinter sich zugemacht
und sitzt wieder da.
Die Kerze hat man angezündet
und man hat sich verneigt.

Man hat sich hingesetzt
und die Kleidungsfalte
sorgfältig zurechtgestrichen.

Die Hände hat man ineinander gelegt.
Daumen berühren sich.
Die Augen halb geschlossen.

Jetzt sitzt man endlich wieder da.
Sitzt da.
Jetzt.
Da.

Üben bedeutet anfangen, dabei bleiben, wiederholen. Das braucht Zeit und Geduld. Ein alter Chinese pflegte zu sagen, seit dreißig Jahren versuche er, dem Atem zuzuschauen, ohne ihn dabei zu stören. Immer wieder werden wir von bestimmten Vorstellungen und Ideen abgelenkt. Die Gedanken jagen sich wie Affen auf einem Baum. Je mehr wir am Baum rütteln, je mehr wir also versuchen, die Affen loszuwerden, umso mehr scheint ihnen unser Bemühen Spaß zu machen. Und wenn wir sie abschütteln, klettern sie flink wieder auf den Baum. Wie wäre es mit einem Stille-Halten-Abkommen? Also ruhig sitzen und atmen. So wird es den Affen zu langweilig, und sie suchen sich einen anderen Baum, wo sie spielen können.

---

[2] Rose Ausländer, Die Nacht hat zahllose Augen, Frankfurt am Main 1995, S. 169.

[3] Silvia Ostertag, Lebendige Stille. Einstimmung und Einübung, Freiburg im Breisgau, 2. Aufl. 2003, S. 30.

Stille sitzen und atmen! Das Verständnis für diese elementare menschliche Grundhaltung ist in den letzten Jahren gewachsen, nicht zuletzt dank Zen. Viele Menschen finden in der christlich-abendländischen Tradition auffallende Parallelen zum „Sitzen in Meditation“ (Zazen). Etwa bei den Mönchsvätern der Ostkirche.[4]

Sie verstehen es meisterlich, den Leib und den Atem in die geistliche Übung einzubauen. Menschen der Ruhe, des Schweigens, die Hesychasten also, bemühen sich „das Unkörperliche im Körperlichen einzufangen“. Sie vermeiden es, beim Meditieren ungeduldig die Stellung zu ändern, denn sie wissen: „Die Bäume, die oft umgepflanzt werden, fassen keinen Boden.“ Der Atem soll ruhig sein: „Das ungestüme Atmen verdunkelt den Geist und beunruhigt und zerstreut die Seele.“ Das ruhige Ein- und Ausatmen führt dagegen „ganz allmählich zur Einkehr des Geistes in sich selbst. Diejenigen, welche die Ruhe des Körpers und die Versenkung der Seele üben, werden es erfahren.“

Die Einsicht der Mönchsväter (von den Müttern ist wenig bekannt) ist in der Tradition nie verloren gegangen. Und so überrascht es nicht, bei Meister Eckehart Sätze zu finden wie:

---

[4] vgl. dazu: Niklaus Brantschen, Der Weg ist in Dir, Einsiedeln, 4. Aufl. 1996, S. 31 f.

> Wenn der Mensch sitzt,
> so sinkt das grobe Blut
> und die lichten Geisteskräfte
> dringen hinauf zum Hirn:
> so wird das Bewusstsein erleuchtet.

Auf sehr humorige Weise hat Angelus Silesius auf den Punkt gebracht, worum es geht:

> Viel eher wird dir Gott
> wenn du ganz müßig sitzt,
> Als wenn du nach ihm läufst,
> dass Leib und Seele schwitzt.

Stille sitzen und atmen – sollte das Sitzen Ihnen nicht oder noch nicht entsprechen, und sollte das bewusste, achtsame Atmen Sie eher aufregen als zur Ruhe bringen, oder suchen Sie einen sinnvollen Ausgleich zum Sitzen in Meditation, dann empfehle ich Ihnen die Bewegung in freier Natur. Das kann eine kürzere oder längere Wanderung sein oder ein Gang in mehr oder weniger hohe Berge.

Die Stille der Berge erfahren

„Die Berge sind stille Meister und machen schweigsame Schüler." Dieses Wort von J. W. von Goethe aus *Wilhelm Meisters Wanderjahre* haben Knut Waldau und Helmut Betz in ihrem ausgezeichneten spirituellen Wegbegleiter durchs Gebirge[5] so kommentiert:

„Die Stille ist in den Bergen oft ungeheuer gegenwärtig und raumfüllend. Stille ist kein Mangel an Schall, kein Ausbleiben von Geräuschen, kein Ausdruck eines Fehlens, so wie die Dürre ein ausgeprägter Mangel an Flüssigkeit ist. Sie ist ganz im Gegenteil ein Zustand der Fülle, etwas das einen Raum ausfüllt und sogar das Auftreten von Lauten und Tönen überdauern kann. Manchmal bleibt es still, auch wenn Geräusche kommen. In Augenblicken scheint es, als ließe sich in den Bergen diese Stille sogar hören."

Auf die Frage, woher diese Stille komme, die auf einmalige Weise den Weg durch die Berge begleitet, vermuten Waldau und Betz mit Recht:

„Vielleicht ist es die Lebensferne mit zunehmender Höhe, der Respekt, die Unsicherheit und die sehr unmittelbare Erfahrung des Herausgehobenseins aus dem Bereich des menschlichen Verfügungsspielraums. Mit der Höhe schwindet unser Einfluss auf das, was geschehen wird. Vielleicht aber ist es vor al-

[5] Knut Waldau, Helmut Betz, Berge sind stille Meister. Spirituelle Begleitung beim Weg durchs Gebirge, München 2003, S. 47 ff.

lem die Nähe der Berge zum Ewigen, zum Unendlichen, die uns still und verletzlich macht. Der Gang in die Berge ist in gewisser Weise ein Gang in die Ewigkeit. Zu jenem Sein und jenem Urgrund von Leben also, das nicht einbezogen ist in das Spiel von Zufall und Veränderung, von Neugestaltung und Zerstörung. Mit zunehmender Höhe und damit entsprechender Entfernung von der kulturell gestalteten Welt der Städte und Gärten verewigt sich die Landschaft. Das Programm der menschlichen Verfügungs- und Gestaltungshoheit über die uns umgebende Mitwelt und Natur wird irreal mit dem Gewinn an Höhe und Tiefe im Gebirge. Der Aufstieg ist ein langsamer Übergang aus dem Bereich der verfügbaren und sich stetig verändernden Natur in die hochalpine Landschaft, in der das Tempo stillsteht. Hier ist Zeit augenblicklich und ewig zugleich. Das ist der Weg in das sonderbar Stille der Berge. Und es kann auch ein Weg in das tiefe Schweigen der Seele sein."

Diese Worte sind mir aus dem Herzen gesprochen. Sie decken sich präzise mit der Erfahrung, die ich im Laufe meines Lebens wieder und wieder machen durfte. Es müssen aber nicht hohe Berge sein. Die Stadt Zürich und ihr See sind umfangen von zwei Höhenzügen, die für Wanderungen wie geschaffen sind: Der Uetliberg mit dem Albishorn einerseits, der Zürich- und Küsnachterberg mit dem Loorenkopf und dem Pfannenstiel andererseits. Sooft ich dort unterwegs bin, stelle ich bereits nach wenigen Stunden fest, wie mit jedem Schritt der

Lärm und die Betriebsamkeit der Stadt zurückbleiben, aber auch wie meine eigene Geschäftigkeit von mir abfällt und ich stiller werde. So war es auch an einem Nachmittag im Spätherbst. Tage intensiver Vortragstätigkeit lagen hinter mir. Mein Leib und meine Seele verlangten nach Bewegung in frischer Luft. Der Weg führte mich vom Zürcher-Zoo über Pfaffhausen und die Forch bis zum Pfannenstiel. Zweimal bestieg ich einen Aussichtsturm. Es erging mir wie Johann Wolfgang von Goethes *Lynkeus der Türmer (Faust II.):*

> Zum Sehen geboren,
> Zum Schauen bestellt,
> Dem Turme geschworen,
> Gefällt mir die Welt.
> Ich blick' in die Ferne,
> Ich seh' in der Näh'
> Den Mond und die Sterne,
> Den Wald und das Reh.
> So seh ich in allen
> Die ewige Zier,
> Und wie mirs gefallen,
> Gefall' ich auch mir.
> Ihr glücklichen Augen,
> Was je ihr gesehn,
> Es sei wie es wolle,
> Es war doch so schön!

Das Gelb einzelner junger Lärchen leuchtete wie Kerzenflammen zwischen dem dunkleren Gelb der Birken und Buchen und dem satten Grün der Tannen. Es gibt nicht nur eine akustische Stille; es gibt auch eine optische. Da und dort vernahm ich das Rauschen eines Bächleins, ich hörte das Rascheln der Blätter unter meinen Füssen und hörte den Schrei einer Krähe. Ich genoss die letzten wärmenden Sonnenstrahlen und später die kühler werdende Luft. In einem Waldstück war Torf zu riechen. Auf den Wiesen nach der Forch fand ich köstliche Äpfel, beste Spätlese, und am Ende der Wanderung genoss ich einen kräftigen Schluck Kräuter-Schnaps aus einem Fläschchen, das mich auf Touren als eiserne Ration stets begleitet. An jenem Nachmittag habe ich vielleicht nicht *die* Stille erfahren, aber ich bin stiller geworden.

2. Stille ertragen

…

Wenn das Geräusch, das meine Sinne machen,
mich nicht so sehr verhinderte am Wachen,

…

Auf unserem Weg haben wir eine erste Stufe erreicht, haben Stille gesucht und wohl auch bis zu einem gewissen Grad gefunden. Wir sind auf den Geschmack gekommen und wissen: Stille ist gut und tut gut. Sie macht uns offen, weit und lässt uns atmen. Stille hat ein lächelndes, heiteres Gesicht. Sie hat aber auch ein anderes Gesicht, ein ernstes, um nicht zu sagen ein erschreckendes. Dieses Gesicht zeigt sich, wenn ich mich möglichst radikal der Stille aussetze – nicht nur ein bisschen und nicht nur für kurze Zeit. Es zeigt sich, wenn der äußere Lärm möglichst wegfällt und das „Geräusch, das meine Sinne machen", ganz verstummt. Es zeigt sich, wenn das Gerede, das Getue und das Gehabe zurückbleiben, und wenn ich ungehindert wachend jene leise Stimme in mir zu vernehmen vermag, die mich mit Gewissheit wissen lässt, wer ich eigentlich bin und wie es um mich steht.

Der Weg der Stille enthält ein anspruchsvolles Programm, das wir nicht auf einmal und auch nicht ein für alle Mal absolvieren können. Statt „Programm" müsste man wohl eher sagen „Prozess". Auch das Wort „absolvieren" passt nicht so recht zu dieser Stufe des Weges. Es geht vielmehr um ein Ertragen, ein Aushalten, ja: um ein Erleiden. Dabei – und das ist nur scheinbar ein Widerspruch zu der eher „passiven" Haltung – verlangt dieser Prozess den ganzen Einsatz unseres Herzens.

Anhand eines Vortrages von Pierre Teilhard de Chardin über das Glück möchte ich in einem ersten Schritt erläutern, was mit diesem Einsatz gemeint ist. Dann komme ich ausdrücklich auf Durststrecken zu sprechen und werde schließlich einige Hilfen für die Bewältigung dieser anspruchsvollen Wegstrecke geben.

Aufbrechen und weitergehen

Peking, 28. Dezember 1942: Der französische Jesuitenpater und Forscher, Pierre Teilhard de Chardin, hält für seine Landsleute einen Vortrag über das Glück.[6] Was Teilhard von der Suche nach dem Glück sagt, lässt sich auf unser Thema „Stille" übertragen, denn tiefer Friede und Glück sind andere Worte für jene Stille, die wir meinen.

Teilhard geht davon aus, dass der Mensch, wie alle beseelten Wesen, glücklich sein möchte. Er stellt die Frage, was Glück denn eigentlich sei. Und er antwortet mit einem Vergleich: Mit dem Weg zum Frieden und zum Glück ist es wie mit einer Bergtour, die eine größere Gruppe unternimmt. Alle brechen auf, aber bald schon lassen sich drei Gruppen unterscheiden. Die einen sind müde, scheuen die Anstrengungen und Gefahren. Sie kehren um. Das sind nach Teilhard *die Müden*. Die andern finden es gut, aufgebrochen zu sein, halten es aber nicht für nötig, weiterzugehen. Sie machen Rast und nehmen ein Picknick ein. Die Sonne scheint und lädt zum Verweilen ein, und so bleiben sie auf halbem Weg stehen. Das sind, wiederum nach Teilhard, *die Genießer*. Die dritten sehen das Ziel vor Augen, machen Pause und gehen weiter. Das sind für Teilhard *die Begeisterten*. Und alle drei sind in uns.

---

[6] Pierre Teilhard de Chardin, Vom Glück des Daseins, Olten 1969.

Die Müden: Sie fragen sich, was das soll, ob es nicht besser sei zu liegen, statt zu sitzen, besser zu stehen als zu gehen. Das ist das „Glück" der Ruhe, des faulen, bequemen Friedens.
Die Genießer: Ein Stück Weg, so sagen diese sich, ist okay, aber mehr ist nicht nötig. Sie machen es sich bequem, etablieren sich auf halbem Weg. So meinen sie, Durststrecken vermeiden zu können. Pierre Teilhard de Chardin sagt an ihre Adresse: „Für die Zukunft und auf die Zukunft hin wagt man nichts." Das ist das „Glück des Genießens".

Die Begeisterten: Sie wollen etwas entdecken, sie wollen wachsen, sie wollen weitergehen. Dem entspricht das „Glück des Wachsens".

Alle drei Typen sind – wie gesagt – in uns, und wir fragen uns, welchem Typ wir Raum geben sollen. Für Teilhard de Chardin ist dies eine müßige Frage:

„Wir diskutieren – doch was hat das für einen Sinn, da die Entscheidung bereits getroffen wurde und da wir bereits eingeschifft sind. Seit mehr als vierhundert Millionen Jahren strebt auf unserer Erde die unermessliche Masse der Seienden, zu denen wir gehören, hartnäckig, unermüdlich empor zu mehr Freiheit, mehr Empfindsamkeit, mehr innerer Schau: und wir fragen uns noch, wohin wir gehen sollen? ... Lassen wir die Müden und die Pessimisten nach hinten zurückgleiten. Lassen wir die Genießer sich bürgerlich am Hügelhang ausstrecken. Und schließen wir uns ohne Zaudern der Gruppe jener an, die den Aufstieg bis zum letzten Gipfel wagen wollen. Vorwärts!"

Dieses „Vorwärts“ hat etwas Zwingendes, Forderndes: Nimm deine Kraft zusammen, bewege dich, was wörtlich soviel heißt wie: Motiviere dich! Denn der Weg ist steil, und Durststrecken sind unvermeidlich.

Durststrecken ertragen

Auf dem Weg der Spiritualität sind Durststrecken unvermeidlich. Und wenn ich dazu einen Vortrag halte, dann wird in den folgenden Gesprächen immer wieder deutlich, dass Hindernisse und Widerstände auf dem Weg nach innen nicht Ausnahmen sind, sondern die Regel. Der Weg der Stille, der Weg zum inneren Frieden, ist in der Tat kein Sonntagsspaziergang, so wenig wie das Leben selbst nur heitere Stunden kennt. Es gibt die Erschöpfung, die chronische Müdigkeit, das Gefühl, ausgebrannt zu sein – oft auch bei einem „ganz normalen" Arbeitsprogramm. Es gibt die Langeweile, den Überdruss und den Widerwillen, mit der „Alles-kotzt-mich-an-Stimmung" – und dies nicht nur bei jungen Menschen und nicht nur bei Verwöhnten. Es gibt die „Schwarzgalligkeit" (das ist das deutsche Wort für die dem Griechischen entnommene Melancholie) – auch bei jenen, die üblicherweise nicht dazu disponiert sind. Es gibt die „Krankheit der Losigkeit", wie sie Hans Lenz nennt: Menschen, die davon befallen sind, fühlen sich konzentrationslos, schlaf- und appetitlos, kraft- und gefühllos.

Dass sich diese und ähnliche Befindlichkeiten oft gerade an Feiertagen, zu Beginn von Ferien oder bei einer erzwungenen Pause durch einen Unfall einstellen, mag erstaunen. Aber nur auf den ersten Blick. Bei genauerem Hinsehen wird deutlich: In Momenten auferlegter Ruhe und relativer Stille zeigt sich, was wir sonst zu überdecken und zu überspielen geneigt sind, nämlich die innere Leere. In einer solchen Situation gibt es im Grunde zwei Möglichkeiten. Die erste heißt: Weiterhin überspielen und verdrängen. Zum Beispiel durch eine lange Feiertagsautofahrt, wenn möglich auf überfüllten Straßen. Oder durch „Erlebnisferien", bei denen immer etwas los ist, und die mich nicht zur Ruhe kommen lassen. Oder durch Arbeiten am Laptop während eines Aufenthaltes im Krankenhaus.

Die andere Möglichkeit heißt, sich aushalten, sich dem Überdruss und der Langeweile stellen. Es könnte sein, dass darin eine große Chance liegt, ohne übliche und lange therapeutische Hilfe geheilt zu werden: Die Grenzen zwischen gesunden Wachstumskrisen auf dem spirituellen Weg einerseits und der Krankheit andererseits sind nämlich fließend. Mit andern Worten: Echte Spiritualität ist heilsam!

Der Psychiatrieprofessor Daniel Hell hat in seinem sehr hilfreichen Büchlein *Die Sprache der Seele verstehen*[7] dargelegt, wie das Gefühl der Lustlosigkeit und Langeweile, ja die Depression, ziemlich genau dem entspricht, was die Väter der Wüste und in ihrer Folge viele Lehrerinnen und Lehrer des spirituellen Weges *Akedia* genannt haben. Akedia ist jene Verfassung, bei der die Seele ihre Spannkraft verliert und mutlos wird. Es ist die Verfassung, in welcher der Mönch nichts so sehr wünscht, als der Stille der Zelle zu entfliehen.

---

[7] Daniel Hell, Die Sprache der Seele verstehen. Die Wüstenväter als Therapeuten, Freiburg im Breisgau, 5. Aufl. 2004, S. 119.

Die Frage, ob die Lustlosigkeit ihre Ursache im eigenen Verschulden hat oder nicht, spielte zumindest bei den Wüstenvätern keine Rolle. Diese Frage beschäftigte erst Theologen späterer Generationen. Sie verteufelten die *Akedia,* die Antriebslosigkeit, und lösten damit bei vielen zu allem Leid hin noch ein schlechtes Gewissen aus. Den in der Wüste erprobten Seelenführern ging es nicht um Moral, sondern um die „Therapie". Bevor ich auf den hilfreichen Umgang mit Durststrecken zu sprechen komme, möchte ich kurz aufzeigen, wie zwei Menschen aus dem Spanien des sechzehnten Jahrhunderts auf ihrem Weg zur Ruhe des Herzens zu kämpfen hatten: Ignatius von Loyola mit der *Trockenheit* und Johannes vom Kreuz mit der *Nacht*.

Ignatius von Loyola (1491–1556), der Begründer des Jesuitenordens, war ein Mann des Weges. Nicht zufällig nennt er sich in seiner Autobiographie, die er seinem Sekretär diktiert hat, Pilger.[8] Was Ignatius über „Traurigkeit", „Trostlosigkeit" oder „Trockenheit" sagt, klingt wie ein Kommentar zu dem, was wir als zweite Stufe des Weges bezeichnen: Stille ertragen.

Der dreißigjährige ehemalige Offizier Ignatius zog sich in die Stille zurück, nachdem sein durch eine Kanonenkugel zerschmettertes rechtes Bein einigermaßen geheilt war. In Ermangelung der üblichen Ritterromane las er Heiligenlegenden, die ihm seine fromme Schwägerin zusteckte. So kam er, wie er sagt, auf den „Geschmack von geistlichen Dingen". In Manresa fand Ignatius den geeigneten Ort für sein „neues" Leben. Er betete täglich sieben Stunden. Dazu hielt er Nachtwachen und unterzog sich gelegentlich einem radikalen Fasten. Staunend hielt er fest: „Was für ein neuartiges Leben soll das werden, das wir jetzt beginnen?"

Friede und Zuversicht wechseln bei Ignatius ab mit Unruhe und Trostlosigkeit. Dann werden diese wieder von ihm genommen, „wie man einem anderen Menschen einen Mantel von dessen Schultern abnimmt". Doch die Erleichterung hält nicht an. Dunkel und Ausweglosigkeit treiben ihn bis zur Verzweiflung, ja bis an den Rand des Suizids: „In dieser Seelenverfassung kamen ihm oftmals gar heftige

---

[8] Ignatius von Loyola, Der Bericht des Pilgers, Freiburg im Breisgau 1991, besonders S. 55–65.

Versuchungen, sich durch ein großes Loch, das im Boden der Zelle war, in die Tiefe zu stürzen; es war unmittelbar neben dem Platz, wo er seine Gebete verrichtete." Ignatius schreit laut zu Gott: „Hilf Du mir, Herr, denn bei keinem Menschen und bei keinem Geschöpf kann ich irgendwelche Hilfe finden. Keine Mühe wäre mir zu groß, wenn ich damit erhoffen dürfte, irgendwie Hilfe zu finden. Zeige Du mir den Weg, Herr, wo ich sie finden kann. Selbst wenn ich einem Hündlein nachlaufen müsste, um von ihm Hilfe zu bekommen, würde ich es sofort tun."

Nach Monaten innerer Kämpfe und intensiver Auseinandersetzung mit seiner Vergangenheit – „wie man etwas an einem Faden aufreiht, so überdachte er Sünde um Sünde seines vergangenen Lebens" – folgte tiefer Friede, innere Ruhe und ein Licht, dessen Glanz ihn nie mehr ganz verlassen wird.

Johannes vom Kreuz (1542–1591), ein anderer Spanier, hat wenige Jahrzehnte nach Ignatius meisterlich in ein Bild gefasst, was spirituell suchende Menschen erfahren haben und immer wieder neu erfahren: die Nacht. Mit dem spirituellen Weg, so sagt er, ist es wie mit dem Wachen in der Nacht (wir fühlen uns an die Rilke-Verse erinnert: „Wenn das Geräusch, das meine Sinne machen, mich nicht verhinderte am Wachen"). Es wird Abend. Allmählich, aber unaufhaltsam bricht die Dämmerung herein. Beim „Entschwinden der Dinge" beschleicht Wehmut die Seele. Sie fühlt sich alleingelassen, einsam. Das ist „die Nacht der Sinne".

Die Nacht schreitet fort, es wird Mitternacht. Diese Stunde entspricht der „Nacht des Geistes" oder der „Nacht des Glaubens". Die Seele ist in die schmerzlichste Phase der *Dunklen Nacht* eingetreten. Was ihr vertraut war, was sie getragen und was ihr Geborgenheit gegeben hat, ist wie weggewischt. Es ist die Erfahrung, die Jesus, zwischen Erde und Himmel hängend, ausrufen ließ: „Mein Gott, mein Gott, warum hast Du mich verlassen!" (Mat. 27,46). Die Nacht des Geistes fordert den nackten Glauben, der entblößt ist von allen Meinungen, Vorstellungen und Erwartungen. Eine zeitgenössische Theologin, Ingrid Weber-Gast, hat offenbar die Nacktheit des Glaubens erfahren: „In den allerschwersten Stunden hat der Glaube für mich überhaupt keine Rolle mehr gespielt. Mein Verstand und mein Wille mochten ihn wohl weiter bejahen, aber für mein Herz war er unerreichbar. Er war kein Trost, keine Antwort auf verzweifelnd quälende Fragen, keine Hilfe, wenn ich nicht weiter wusste. Ja, im Gegenteil: Nicht der Glaube trug mich, sondern ich musste noch den Glauben tragen."[9]

Die dritte Phase der Nacht, die Morgendämmerung, entspricht der „Nacht Gottes". Zwar sieht die Seele im „liebenden Erkennen" alles wie in ein neues Licht getaucht und kommt zur Ruhe. Doch Gott bleibt auch jetzt verborgen. Er ist nicht sichtbar, nicht fassbar und nicht verfügbar. Aber gerade so vermag er die Sehnsucht unseres Herzens zu stillen.

Mit den hier kurz angedeuteten Erfahrungen von Ignatius und Johannes vom Kreuz kommt bereits die dritte Stufe unseres Weges in den Blick, wo vom Genuss der Stille die Rede sein wird. Doch vorweg gilt es, einige Grundhaltungen zu nennen, welche uns die trockenen und dunklen Stunden des Lebens oder, um bei unserem Vergleich zu bleiben, die Durststrecken bestehen lassen.

[9] Zitiert bei Daniel Hell, a.a.O., S. 130.

Sich in Geduld üben:
Das Stichwort, das Erich Fromm als eine der Voraussetzungen für die „Kunst des Liebens" nennt, gilt auch für die Kunst, Durststrecken zu bestehen, nämlich Geduld. Das Gras wächst nicht schneller, wenn man daran zieht. Diese chinesische Weisheit lässt sich auch auf den Weg der Stille übertragen. Wir können nicht erwarten, uns in einer Art Hauruck-Methode zu sammeln, ruhig und still zu werden. Wenn wir es dennoch versuchen, so müssen wir bald feststellen, dass aus dem Wunsch, stille zu werden, eine zwanghafte Vorstellung wird, die hinderlich ist für den Weg. Die Übung der Geduld verlangt einen Balanceakt zwischen Loslassen und vollem Einsatz. Dies führt zum Ziel. „Geduld erreicht alles" sagt Teresa von Avila in dem berühmten Gebet *Nada te turbe,* das sie jahrelang auf einem Zettel in ihrem Gebetsbuch aufbewahrte, um sich so diese Weisheit ganz zu Eigen zu machen.

Für mich persönlich ist das „Sitzen in Stille", die Zen-Meditation, eine hervorragende Hilfe, mich in Geduld zu üben. In dem bereits erwähnten Büchlein *„Lebendige Stille"* bietet Silvia Ostertag einfache, fast banal klingende, aber sehr hilfreiche Hinweise:

Jetzt reicht es

Meist kommt
tiefere Stille,
wenn man
über die Schwelle von
„Jetzt-reicht-es"
hinübergesessen hat.

Wenn man einfach
geblieben ist,
als man gerade
sich entziehen wollte.

Die Schwelle von der betriebsamen Geschäftigkeit hin zur Stille scheint uns riesengroß. Doch plötzlich in Geduld ausharrend, stellen wir fest: Da ist gar keine Schwelle. Ich kann ungehindert den Raum der Stille betreten, ja ich selber bin Stille:

Sich vergessen

Auf die Stille horchen.
Horchen,
bis man sich selbst vergisst
in Stille hinein.

Sich in Stille hinein
vergessen,
bis man erwacht
als Stille selbst.

Den Tränen freien Lauf lassen:
In Anlehnung an das Wort „singe, wem Gesang gegeben" bin ich geneigt zu sagen „weine, wem Tränen gegeben". Weinen können ist ein großes Geschenk. Ignatius spricht oft von der Gabe der Tränen, und er besaß sie in hohem Maße. Ich selber durfte im Prozess der geistlichen Übungen nach Ignatius und auf dem Weg des Zen erfahren, wie hilfreich Tränen sind. Heute werde ich in Meditationskursen immer wieder Zeuge von Tränen. Es sind dies ergreifende Momente. Menschen weinen, weil ihnen in den Tagen intensiver Stille schlagartig deutlich wird, wie viel ungelebtes Leben hinter ihnen liegt, wie närrisch sie auf der Flucht vor sich herumgerannt sind und wie viel Zeit sie mit Gerede verloren haben.

Es sind Tränen der Reue, Tränen der verpassten Chancen. Es sind aber auch Freudentränen, bei denen sich Verkrustungen lösen, Trockenheit schwindet, Äußerlichkeiten an Bedeutung verlieren. Daniel Hell, einige Stellen der Wüstenväter über das Geschenk der Tränen kommentierend, hält fest: „Tränen werden von allen Menschen als etwas besonders Reines empfunden. Sie sind in der Regel von Ekelgefühlen ausgespart, während die übrigen Absonderungen des Körpers (wie Schweiß, Speichel oder Urin) meist als Ekel erregend wahrgenommen werden. Tränen sind geruchlos. Sie geben einem Menschen, der von Ekel geplagt ist, den Eindruck des Sauberen."[10]

---

[10] Daniel Hell, a. a. O., S. 134.

Den Tränen freien Lauf lassen! Schön. Aber, so höre ich den Einwand, wenn ich nicht kann, wenn sich alles in mir dagegen sträubt? Meister Dogen, der hervorragendste Zen-Lehrer im Japan des dreizehnten Jahrhunderts, gibt einen Rat, wie wir uns gleichsam selbst überlisten können: „Nach altem Brauch versammeln sich in China die Laien vor den Schreinen ihrer Ahnen, wo sie ihren Müttern und ihren Vätern ihre kindliche Liebe erweisen, indem sie so tun, als ob sie weinten."

So tun, als ob. Damit ist nicht der Heuchelei das Wort geredet. Es ist vielmehr das Einüben einer bestimmten Haltung gemeint. Dogen bezieht das Beispiel der Tränen auf die Zen-Praxis allgemein. Besonders Anfängerinnen und Anfänger sollten bei der Übung einfach auf die anderen in der Gruppe schauen und so sitzen wie diese oder so tun, als säßen sie wie diese. Das wirkt. Wörtlich sagt Dogen: „Es ist wie reisen. Auch wenn ihr das Schiff nicht steuern könnt und alles dem Können der Besatzung überlasst, so erreicht ihr doch das Ufer unabhängig von eurem eigenen Verständnis."

Dem Leben einen Rhythmus geben:
Ordnung ist nicht alles, aber ohne gewisse äußere Ordnung, ohne einen bestimmten zeitlichen Rahmen, kann ein Leben, in dem Stille seinen Platz haben soll, nicht gelingen. Wer sagt, er meditiere immer, den oder die pflege ich zu fragen: „Meditierst du auch gelegentlich oder nur immer?" Wer immer in einer gesammelten meditativen Haltung sein will, wird auf regelmäßige Zeiten der Stille und der ausdrücklichen Meditationsübung nicht verzichten können.

Ich habe es mir angewöhnt, auch Ferientagen eine Tagesstruktur zu geben. Das dispensiert mich von unnötigen, zeitraubenden Fragen wie: Was soll ich jetzt tun? Soll ich dieses oder jenes oder überhaupt nichts tun? Planen darf freilich nicht mit Sturheit verwechselt werden. Spontaneität lässt sich auch nicht verordnen, indem man sagt: Nun sei mal spontan!

Gegen Ende des Buches, wo von der *Kultur der Stille* die Rede sein wird, werde ich auf die Bedeutung eines Rhythmus' im Leben näher eingehen. An dieser Stelle nur noch ein Wort über die Bedeutung von Entspannung und Pausen:

Der in die Jahre gekommene Wüstenvater Antonius sagte einem Jäger, der erstaunt war, dass der Greis mit den Mönchen Kurzweil trieb: Lege einen Pfeil auf den Bogen und spanne. Er machte es so. Da sagte er zu ihm: Spanne noch mehr! Und er spannte. Abermals forderte er ihn auf: Spanne! Da antwortete ihm der Jäger: Wenn ich über das Maß spanne, dann bricht der Bogen. Da belehrte ihn der Greis: So ist es auch mit dem Werk Gottes. Wenn wir die Brüder übers Maß anstrengen, versagen sie schnell. Man muss also den Brüdern ab und zu entgegenkommen.

Wissen, dass alles vorbeigeht:
Die Vergänglichkeit zu bedenken, ist eine große Hilfe auf dem Weg. Ein aus Mexiko stammender US-Amerikaner hat als Unternehmensberater eine ganz besondere Methode entwickelt, die unter seinen Freunden als *Bacco's Bench* bekannt ist. Worum geht es? Bacco, so heißt der Berater, führt Menschen, die in einer besonders starken beruflichen, familiären oder persönlichen Krise sind, auf einen Friedhof unweit seines Büros in New York. Dort nimmt er mit ihnen auf einer Bank unter Trauerweiden Platz (daher der Ausdruck „Bacco's Bench"). Als Zen-Schüler von Glassman Roshi versteht es Bacco, seine Klienten zum Schweigen zu bewegen. In der Stille des Friedhofs und im Gedenken an die zum Teil namhaften Persönlichkeiten, die dort begraben sind, relativieren sich die Probleme und lassen sich im anschließenden Gespräch angesichts der Ewigkeit (sub specie aeternitatis) auf einer anderen Ebene erörtern und lösen. Die Methode ist wirksam. „Du musst dich wieder einmal auf Bacco's Bench setzen" ist ein Rat, den sich Manager in der Wall Street gelegentlich zuflüstern.

Die spirituellen Traditionen in Ost und West wissen, wie hilfreich es ist, sich der Grenzen aller Dinge und unseres Lebens bewusst zu sein. Man denke an die Verse im bereits erwähnten *nada te turbe* der Teresa von Avila:

Nichts beirre dich
Nichts verwirre dich (denn)
Alles geht vorüber.
…

Während intensiver Zen-Wochen ruft jeweils am Abend einer der Assistenten laut in die Zen-Halle Verse, welche eindringlicher nicht an die Vergänglichkeit erinnern könnten:

Hört gut zu,
ich sag euch allen:
Leben und Tod sind von großem Ernst.
Alle Dinge gehen schnell vorbei.
Seid stets wachsam,
niemals nachlässig,
niemals!

Das klingt ernst. Und ist es auch. Zugleich aber ist es tröstlich zu wissen, dass alles, auch allfällige Schmerzen in den Beinen, ein Ende haben. Vor allem aber ist der Ruf eine Ermutigung weiterzumachen, nicht nachzulassen in der Übung bis der Moment kommt, wo wir die Stille zu genießen beginnen.

3. Stille genießen

...

Dann könnte ich in einem tausendfachen
Gedanken bis an deinen Rand dich denken
und dich besitzen (nur ein Lächeln lang),

...

Um es gleich zu sagen: Stille zu genießen ist nicht erst auf dieser dritten Stufe des Weges möglich. Wir wollen die stillen Freuden, die sich zu Beginn der Suche einstellen, nicht vergessen. Momente des Glücks kennt auch die Phase zwei, wo sich etwa Tränen der Freude über das neue Leben, das sich meldet, mit den Tränen des Schmerzes mischen und diesen Schmerz erträglicher machen. Trotzdem lässt sich eine Stufe des Weges ausmachen, wo das Wort „genießen" am Platz ist, wo Freude, tiefer Friede und kraftvolle Stille vorherrschen, wo Schwere sich in Leichtigkeit wandelt, Enge in Weite, Dunkel in Licht.

Beim Schreiben dieses Kapitels sind mir noch mehr als sonst verdichtete Texte zugefallen. Das überrascht nicht, denn, so sagt Max Picard: „Die Dichtung kommt aus dem Schweigen und hat Sehnsucht nach dem Schweigen. Sie ist wie der Mensch selbst unterwegs von einem Schweigen zum andern.“[11] In Gedichten erkennt man nicht nur die wahren Weltgeschichten, wie Novalis weiß, man kommt auch der Stille auf die Spur:

> Wenn nicht mehr Zahlen und Figuren
> Sind Schlüssel aller Kreaturen,
> Wenn die, so singen oder küssen,
> Mehr als die Tiefgelehrten wissen,
> ...
>
> Und man in Märchen und Gedichten
> Erkennt die wahren Weltgeschichten
> Dann fliegt vor einem geheimen Wort
> Das ganze verkehrte Wesen fort.

Gedichte sagen in der Tat mehr als andere Worte über die Qualität jener Stille aus, die uns eins werden lässt mit der umfassenden Wirklichkeit.

---

[11] Max Picard, Die Welt des Schweigens, Erlenbach-Zürich 1948, S. 147.

Eins werden mit allem

In den intensiven Zen-Wochen, wie wir sie seit Jahren im Lassalle-Haus durchführen, beeindruckt immer wieder die Stille und das gesammelte Schweigen. Nicht nur die Teilnehmenden sind davon angetan, sondern auch manche Mitarbeitende und Gäste des Hauses. „Man spürt, dass in diesem Haus viel meditiert wird", so oder ähnlich höre ich oft sagen. Die Stille prägt die Atmosphäre des Hauses und wirkt sich vor allem auf die Kursteilnehmerinnen und Kursteilnehmer aus. Sie werden durchdrungen von der gemeinschaftsfördernden, alles verbindenden Kraft der Stille und begegnen Dingen und anderen Menschen auf Du und Du, als wären sie mit allen verwandt – und sie sind es auch. Das im Zen übliche Wort für die Gemeinschaft derer, die miteinander auf dem Weg der Stille sind, *Sangha,* bezeichnet nicht zufällig die Verwandtschaft aller Dinge und aller Wesen untereinander, nicht nur der gegenwärtigen, sondern auch der vergangenen und zukünftigen. Das Wort „Familie" gibt gut wieder, was mit *Sangha* gemeint ist, vorausgesetzt, wir verstehen darunter eine Schicksalsgemeinschaft, die trägt, wenn einzelne Mitglieder auf Nähe und Solidarität besonders angewiesen sind.

Fragen wir nach der tieferen Grundlage dieser Verbundenheit, so finden wir bei Max Picard Sätze, von denen jeder eine eigene Betrachtung wert ist:

„Es gibt keinen Anfang vom Schweigen und auch kein Ende, es scheint noch aus jenen Zeiten zu stammen, da alles noch ruhendes Sein war, es ist wie ungeschaffenes, immerwährendes Sein.

Wenn das Schweigen da ist, dann ist es, als habe es nie etwas anderes gegeben als es.

Wo das Schweigen ist, da wird der Mensch vom Schweigen angeschaut; es schaut den Menschen an, mehr als der Mensch das Schweigen. Er prüft das Schweigen nicht, aber das Schweigen prüft ihn.

Man kann sich keine Welt vorstellen, in der nichts als das Wort ist, wohl aber eine Welt, in der nur das Schweigen ist.

Das Schweigen hat alles in sich selbst, es wartet auf nichts, es ist immer ganz da und füllt immer ganz den Raum aus, wo es erscheint.

Es entwickelt sich nicht, es nimmt nicht zu in der Zeit, aber die Zeit nimmt zu im Schweigen. Es ist, als sei die Zeit gesät worden ins Schweigen, als ginge sie in ihm auf, das Schweigen ist wie der Boden, in dem die Zeit voll wird.

Das Schweigen ist nicht sichtbar und doch ist es deutlich da, es dehnt sich in alle Fernen und doch ist es nahe bei einem, so nahe, dass man es spürt wie den eigenen Körper. Man kann es nicht greifen, aber man fühlt es unmittelbar wie einen Stoff, wie ein Gewebe. Es ist nicht mit dem Worte zu definieren, und doch ist es bestimmt und unverwechselbar.

Bei keinem anderen Phänomen als beim Schweigen sind Ferne und Nähe, Weite und Gegenwärtigkeit, Allumfassendes und Besonderes so sehr in einer Einheit beieinander."[12]

Die Einheit aller Dinge kann man kaum besser zum Ausdruck bringen. Nur begnadete Dichter und Dichterinnen wie Rose Ausländer finden Worte dafür. In einem auf Englisch gewährten Interview zitiert sie eines ihrer Gedichte in deutscher Sprache. Sie sagt von diesem Gedicht, dem sie den Titel *Wir sind verbrüdert* gegeben hat, es sei einfache Lyrik (an uncomplicated lyric) und handle von der mystischen Einheit aller Dinge: „Its essence is the mystic unity of all things and creature in universe."[13]

Wir sind verbrüdert

Die dunklen Nebel, die der Tag gesponnen,
sind in der lichtentbundnen Nacht zerronnen.

Ich höre wieder, was der Wald uns flüstert:
Wir sind verbrüdert und wir sind verschwistert.

Ich höre wieder aller Wesen Kunden:
Wir sind verwoben und wir sind verbunden.

Der Mantel meiner Seele fällt in Falten
um die gebannten, sprechenden Gestalten.

Ich steh' im Kreise an der ewigen Wende
und fühle alle Wege bis zu Ende.

Mein Herz kann mit der Zeit, der bösen, brechen,
und mit den Dingen wie mit Engeln sprechen.

---

[12] Max Picard, a.a.O., S. 11f.

[13] Rose Ausländer, Die Nacht hat zahllose Augen, Frankfurt am Main 1995, S. 157.

In einem andern Gedicht drückt Rose Ausländer den Wandel von der Leere, vom alles vernichtenden Nichts zur Fülle so aus[14]:

Im All

Ich verliere mich
im Nichts

Finde mich wieder
im All

Das Nichts
vernichtet mich

Auferstanden
im All
bin ich
ein Geschöpf
aus Worten

Ein Geschöpf aus Worten! Was soll ein solches Wort in einem Buch über die Stille? Nun, „ein Geschöpf aus Worten" kann werden, wer im radikalen Schweigen jedes Wort hinter sich gelassen hat. Bei einem solchen Menschen hat Schweigen und Reden eine ganz bestimmte Bedeutung, und jedes Wort sagt, was es meint. Dies trifft exakt auf Rose Aus-

---

14 Rose Ausländer, Der Traum hat offene Augen, Frankfurt am Main 1990, S. 34.

länder und ihre Gedichte zu. So auch auf jenes, in dem der Abend gesehen wird als ein *Verwandter Träumer*[15], der mit Schweigen begabt ist und uns den Weg in eine andere Welt weist.

Verwandter Träumer

Abend
verwandter Träumer
mit Schweigen
begabt

Du zeigst
dem Menschen
das Ziel
das sanfte Hinüber
in eine
andere Welt

Diese „andere Welt" ist keine Hinterwelt oder Überwelt. Es ist die Alltagswelt, diese allerdings in jener Tiefe gesehen, wo wir „verwoben" und „verbunden" sind.

Das „In eins verwoben sein" kennt auch Werner Bergengruen. Der Ausdruck scheint ihm aber nicht stark genug zu sein. Er korrigiert ihn am Ende eines seiner Gedichte und sagt schlicht: Es ist Eins.

---

[15] Rose Ausländer, a. a. O., S. 105.

Gleichwie oben, also unten.
Alles kreist auf gleicher Spur.
Sonne, Sterne, Lichter, Lunten,
Räume, Zeiten, Geist, Natur.

Eins dem andern zugesiegelt,
eins dem andern eingetraut,
eins vom andern abgespiegelt,
Geister, Tiere, Kraft und Kraut.

Gleichwie unten, also oben.
Goldne Kette allen Seins!
Alles ist in eins verwoben.
Nicht verwoben: Es ist Eins.

Dieses Gedicht hat mir eine meiner Zen-Schülerinnen mit folgender Bemerkung zugeschickt: „Es ist, als hätte Bergengruen ZEN gekannt.“ Nun, ob er Zen gekannt hat oder nicht, Bergengruen hat die Stille geliebt und – in einem anderen Gedicht – den „Klang des Schweigens“ besungen.

Die Einheit all dessen was ist, hat der sechste chinesische Zen-Patriarch auf den Punkt gebracht mit dem bekannten Wort: *Eins ist Alles, Alles ist Eins.* In jedem einzelnen Ding und Geschehen, und seien sie noch so unscheinbar, ist das Ganze. Diese Einsicht hat in verblüffender Übereinstimmung über Zeiten und Traditionen hinweg der Dichter der Galgenlieder, Christian Morgenstern so verdichtet:

Eins und alles

Meine Liebe ist groß
wie die weite Welt,
und nichts ist außer ihr,
wie die Sonne alles
erwärmt, erhellt,
so tut sie der Welt von mir!

Da ist kein Gras
da ist kein Stein,
darin mein Liebe nicht wär,
da ist kein Lüftlein
noch Wässerlein,
darin sie nicht zög einher!

Da ist kein Tier
vom Mücklein an
bis zu uns Menschen empor,
darin mein Herze
nicht wohnen kann,
daran ich es nicht verlor!

Ich trage die Welt
in meinem Schoß
ich bin ja selber die Welt,
ich wettre in Blitzen,
in Stürmen los
und bin der Gestirne Zelt!

Meine Liebe ist weit
wie die Seele mein,
alle Dinge ruhen in ihr,
sie alle, alle
bin ich allein,
und nichts ist außer mir!

Wie aber ist, so stellt sich spätestens jetzt die Frage, der „tausendfache Gedanke" in unserem Rilke-Gedicht vom Autor zu verstehen? Hat „Denken" auf dieser Stufe des Weges überhaupt Platz? Und wenn ja, welches Denken ist gemeint? Nun, es ist ein Denken, das sich nicht in der mentalen Intelligenz (IQ) erschöpft und das auch nicht nur von der emotionalen Intelligenz (EQ) abhängt, also von der Fähigkeit, Emotionen, Ängste und Sorgen, aber auch Hoffnungen und Sehnsüchte zuzulassen. Die Fähigkeit, in einem „tausendfachen Gedanken" das Ganze und zugleich die tausend Dinge zu erfassen, ist der spirituellen Intelligenz (SQ) zuzuschreiben. Sie kommt zum Tragen, wenn das „Geräusch der Sinne" verstummt und wir den Raum betreten, der hinter allem Denken liegt – ja, sogar „Jenseits der Stille", wie es im Untertitel des erschütternden Büchleins von Emmanuelle Laborit[16] heißt. In der tiefen Stille die universelle Verbundenheit erfahren, ist – um ein Bild eines unbekannten Autors zu gebrauchen – wie Eintauchen in ein weites Meer des Schweigens: „Haben Sie schon

[16] Emmanuelle Laborit, Der Schrei der Möwe. Jenseits der Stille – Mein Leben als Gehörlose, Bergisch Gladbach, 5. Aufl. 2002.

einmal aus dem Meer des Schweigens getrunken? Das Schweigen breitet sich aus – langsam und tief. Und das Schweigen wächst, wächst immer mehr in regelmäßigen Wellen, welche eine nach der anderen Ihr ganzes Wesen durchströmen: eine Welle gefolgt von einer anderen Welle des Schweigens, dann eine noch tiefere Welle des Schweigens. Im Anfang sind es Augenblicke, dann Minuten, dann Viertelstunden, die das völlige Schweigen währt. Im Laufe der Zeit wird das Schweigen zum immer gegenwärtigen Grundelement im Leben der Seele."[17]

Das Schweigen kann zum Grundelement im Leben eines Menschen werden, zu einem cantus firmus.

---

[17] Anonymus, Die Großen Arcana des Tarot. Meditationen. Mit einer Einführung von H. U. von Balthasar, Band 1, Basel 1983, zitiert bei Kurt Waldau – Helmut Betz, a. a. O., S. 51.

Diesen Abschnitt möchte ich nicht schließen, ohne Ihnen einige Fragen zur persönlichen Besinnung vorzulegen:

- Können Sie sich an Begebenheiten im Privat- oder Berufsleben erinnern, in denen Sie in besonderer Weise die Verbundenheit mit anderen Menschen, mit Tieren oder der Natur, im weiteren Sinne erfahren haben? Welche Rolle kam dabei dem Schweigen, der Stille zu?
- Erinnern Sie sich an Momente, in denen eine klare „Einheit im Geiste" spürbar wurde oder wo Sie eine Art „Seelenverwandtschaft" empfunden haben?
- Sind Sie in letzter Zeit Menschen begegnet, die Sie vom Charakter oder der Gestik und Ausstrahlung her als besonders einheitsstiftend bezeichnen würden?

Ein spirituell intelligenter Mensch nimmt wie vor einem weiten, offenen Horizont alles und jedes als einmalig, einzigartig wahr. Und er weiß sich mit allem zutiefst verbunden, ja sogar verschwistert.

„Leere" ist ein großes Wort. Was ist damit gemeint? Vor Jahren habe ich in meinem Japantagebuch nach einem Sesshin, also nach einer intensiven Zen-Woche, zum Thema Leere folgendes festgehalten:

„30. Juli 1987. Heute ist Ruhetag. Ich sitze an meinem Plätzchen im Garten von Juniso. Die Sonne geht eben unter. Zwei Bussarde kreisen über dem Wäldchen. Ich spüre eine eigentümliche Leichtigkeit, wie nach einer Bergtour, und doch anders. Bin porös, durchlässig. Die Haut schließt nicht ab, macht nicht dicht. Ich bin dankbar, offen, zuversichtlich, stehe wie vor einem offenen Raum. Ich sehe ‚Leere' in mir oder, um das Wort ‚Leere' nicht zu strapazieren, ‚grenzenlose Weite'. Im Sesshin habe ich ‚Leere' gelegentlich als das Fehlen von ‚Zwischenraum' erfahren. Kein Raum also zwischen dem Schrei der Krähe und mir. Mir ist, der Schrei der Krähe sei mein eigener. Einheit, Leere, Unmittelbarkeit! Ja, Unmittelbarkeit, das ist das Wort!"[18]

Aus dieser Notiz wird ersichtlich, dass die Erfahrung der „Leere" von der oben beschriebenen Erfahrung der Einheit nicht zu trennen ist. Dies soll anhand eines Wortes aus der Koan-Sammlung Hekigan erläutert werden.[19] Der kurze Text lautet:

---

[18] Vgl. Niklaus Brantschen, Auf dem Weg des Zen, München 2. Aufl. 2003, S. 136.

[19] Zum Folgenden: Yamada Kôun Roshi, Die Niederschrift vom blauen Fels, Hekiganroku, Bd. 1, München 2002, S. 87 ff.

Das eine Wort, das der Stimme vorausgeht,
selbst tausend Weise könnten es nicht übermitteln.

Was ist dieses „Wort, das der Stimme vorausgeht"? Es ist das „wahre Selbst", die „Wesensnatur". Mein Lehrer Yamada Roshi erzählt in einem Kommentar zu dieser Stelle folgende Geschichte: Zur Zeit Meister Hakuins gab es in dessen Gemeinde eine großartige Frau, welche die alte Frau Osatsu genannt wurde. Als sie noch jung war, brachten ihre Eltern sie zu Meister Hakuin mit einer Bitte: „Unsere Tochter redet oft so viel dummes Zeug und verhält sich wie eine Mondsüchtige. Könnt Ihr vielleicht etwas für sie tun?" Hakuin sagte den Eltern, sie sollten dem Mädchen das folgende Gedicht zeigen:

Höre ich im Dunkel der Nacht
den Laut einer Krähe, die nicht krächzt,
packt mich die Sehnsucht nach meinem Vater,
als er noch nicht geboren war.

Als das Mädchen das Gedicht las, lächelte es, als ob es sagen wollte: „Oh ja! Das ist es! Das kenne ich!" Der Laut der Krähe, die nicht krächzt! Der Vater zur Zeit vor seiner Geburt! Das ist das „Wort vor jeder Stimme". Das ist mein wahres ursprüngliches Wesen. Das bin ich.

Das Mädchen hatte offenbar darunter gelitten, war wie durcheinander, weil es keinen Ausdruck für die Erfahrung seines ursprünglichen wahren Wesens hatte und darum diese Erfahrung mit niemandem teilen konnte. Es fühlte sich nicht verstanden und war verwirrt, bis das Kurzgedicht von Hakuin ihm eine Deutung seiner Erfahrung ermöglichte.

Was hat, so drängt es uns weiter zu fragen, die junge Frau erfahren? Was ist gemeint mit der radikalen Stille, dem tonlosen Ton, mit dem Laut einer Krähe, die nicht krächzt? Was ist gemeint mit der Existenz ihres Vaters vor dessen Geburt, „als er noch nicht geboren war“? Mit anderen Worten, was ist mit Leere gemeint? Die junge Frau hat sich selbst und zugleich die Welt erfahren. Sie wurde eins mit dem Ganzen, dem Absoluten, dem Umfassenden. Wir wissen nicht, ob sie Zen praktiziert hat, oder ob sie „von Haus aus“ zur Wirklichkeit in ihrer Ganzheit einen Zugang hatte, wie ihn auch das Zen als Übungsweg zum Ziel hat. In jedem Fall hatte das verhaltensgestörte Mädchen Osatsu seinen tiefen inneren Frieden gefunden.

Abschließend finde ich kein passenderes Wort als das folgende, das wir dem deutschen Mystiker Heinrich Seuse verdanken:

„Der Mensch kann in dieser Erdenzeit dahin kommen, dass er sich als Eins begreift mit dem Nichts aller Dinge, die man verstehen oder benennen kann. Und dieses Nichts nennt man allgemein Gott, und das ist an sich selber ein allerwesenhaftes Sein."

Gott begegnen

Seit Jahren raten mir gute Freunde, ich soll endlich mit dem Computer umgehen lernen, denn der kleine Apparat berge eine Fülle von Informationen. Letzte Woche war es endlich soweit. Ich ließ mir die Suchmaschine im Internet erklären und nun mache ich Versuche mit Stichworten. Ich gebe „Bibel" ein und dann „Stille". In sage und schreibe 0,8 Sekunden zeigt mir der Bildschirm seitenweise Bibelstellen zum Thema Stille an. Für Kenner mag das eine Selbstverständlichkeit sein. Für mich aber, der in solchen Fällen dicke Wörterbücher zu wälzen gezwungen war, ist die Überraschung perfekt. Ein weiterer „Klick", und schon spuckt mir der Computer alle Sätze der Bibel aus, in denen „Stille" vorkommt. Angefangen von den ersten Seiten der Bibel, in denen vom Erstaunen darüber berichtet wird, dass die alte Frau Sarah noch Kinder *stillen* soll, bis zur *Geheimen Offenbarung,* wo die Rede ist von einer „halben Stunde Stille im Himmel" (offenbar ist es auch im Himmel nicht immer still!).

Beim Versuch, die biblischen Aussagen zur Stille zu ordnen, fällt mir auf, dass Stille und Schweigen auch als etwas Unheimliches, Todbringendes erfahren wird. Das „Hinunterfahren in die Stille" bedeutet nach Psalm 115 soviel wie dem tödlichen Schweigen verfallen sein. Es ist nicht zu übersehen, dass William Shakespeare sich von diesem und ähnlichen Bibelworten inspirieren ließ, wenn er Hamlet gegen Ende des gleichnamigen Stückes mit dem berühmt gewordenen Satz „Der Rest ist Schweigen" sterben lässt – dies, nachdem der Held im 3. Akt laut über *Sein oder Nichtsein* nachgedacht hat:

> Sein oder Nichtsein, das ist hier die Frage:
> Obs edler im Gemüt, die Pfeil' und Schleudern
> Des wütenden Geschicks erdulden, oder,
> Sich waffnend gegen eine See von Plagen,
> Durch Widerstand sie enden? Sterben – schlafen –
> Nichts weiter! – und zu wissen, daß ein Schlaf
> Das Herzweh und die tausend Stöße endet,
> Die unsers Fleisches Erbteil – 's ist ein Ziel,
> Aufs innigste zu wünschen. Sterben – schlafen –
> Schlafen! Vielleicht auch träumen! – Ja, da liegts:
> Was in dem Schlaf für Träume kommen mögen,
> Wenn wir den Drang des Irdschen abgeschüttelt,
> Das zwingt uns still zu stehn.

Schweigen ist zweideutig. Es gibt den *Horror vacui*, den Schrecken vor der Leere. So erschaudert Blaise Pascal vor dem ewigen Schweigen („Le silence éternel de ces espaces infinis m'effraie"). Es gibt – es sei daran erinnert – auf dem Weg der Stille das Gefühl der Gottverlassenheit und der dunklen Nacht. Andererseits gibt es aber auch die rettende Stille. „Nur Stille und Vertrauen verleihen euch Kraft", mahnt Prophet Jesaias (30.15). Und es gibt die Stille als Ort der Begegnung mit Gott. Nicht in einem starken, Berge zerbrechenden Sturm, nicht im Erdbeben, nicht im lodernden Feuer, wohl aber im leisen Säuseln hat Elia Jahwe erfahren (1 Kön 19.11 f). Ich selber ließ mich vor Jahren bei einem Spitalaufenthalt vom ersten Vers aus Psalm 62 leiten:[20]

> Zu Gott allein ist stille meine Seele,
> von ihm kommt mir Hilfe.

Eigentlich war es nur die erste Zeile: Zu Gott allein ist stille meine Seele ... Immer wieder sprach ich still diese Worte, bis sie mir sozusagen in Fleisch und Blut übergingen und ihre wohltuende Wirkung von innen her zu entfalten begannen. Noch heute wiederholt sich in mir das Wort „Zu Gott allein ist stille meine Seele" etwa zu nächtlicher schlafloser Stunde. Und ich werde still und schlafe wieder ein.

---

[20] Vgl. Niklaus Brantschen, Erfüllter Augenblick, Freiburg im Breisgau 1999, S. 81 ff.

Zu Gott beten heißt nicht zuerst und vor allem reden; es heißt vielmehr still werden, still sein und warten. So hat es der dänische Existenzphilosoph und Theologe Sören Kierkegaard erfahren:

Als mein Gebet
immer andächtiger
und innerlicher wurde,
da hatte ich immer weniger
und weniger zu sagen.
Zuletzt wurde ich ganz still.
Ich wurde,
was womöglich
noch ein größerer Gegensatz
zum Reden ist,
ich wurde ein Hörer.
Ich meinte erst,
Beten sei Reden.
Ich lernte aber,
dass Beten
nicht bloß Schweigen ist,
sondern Hören.
So ist es:
Beten heißt nicht,
sich selbst reden hören.
Beten heißt:
still werden
und still sein
und warten,
bis der Betende Gott hört.

Ignatius von Loyola, dem wir schon wiederholt begegnet sind, hat wie kaum jemand den raschen Wechsel von trostloser Unrast zu tiefem Frieden und innerer Ruhe erfahren. Eben noch in einer aussichtslosen Situation, wo er bereit war, einem Hündlein nachzulaufen, hätte dieses ihm den Weg gewiesen, erfährt er bei einem Spaziergang am Fluss Cardoner eine ungewohnte „Klarheit". Er wird, wie er sagt, „ein anderer Mensch", dem sich die „Augen des Geistes" öffnen, dem „alles in einem neuen Licht" erscheint und dem die „Erkenntnis und das Verständnis über viele Dinge" geschenkt wird. Er erfährt, ja „verkostet" die Dinge von innen her und dies vermag seine Seele, wie er im Exerzitienbüchlein sagt, wahrhaft zu sättigen.

Der Bericht des Ignatius[21] gleicht bis in die Formulierungen hinein anderen Erleuchtungsberichten, zumal denen der Zen-Tradition. Allerdings mit einem Unterschied: Ignatius wirft sich nach der tiefgreifenden Erfahrung vor dem Kreuz, das dort in der Nähe stand, auf die Knie nieder, um Gott Dank zu sagen. Was andere Traditionen als das Absolute oder die Wesensnatur oder das höchste Selbst oder die Leere bezeichnen, bekommt bei Ignatius und anderen Mystikern und Mystikerinnen, die in der abrahamitischen Tradition stehen, einen Namen.

---

[21] Ignatius von Loyola, a.a.O., S. 65f.

Wenn wir Gott einen Namen geben wollen, ist allerdings Zurückhaltung angesagt. Angelus Silesius hat Recht, wenn er sagt, die letzte alles hervorbringende und sinngebende Wirklichkeit habe viele Namen – und sei doch namenlos:

> Man kann den höchsten Gott
> mit allen Namen nennen:
> Man kann ihm wiederum
> nicht einen zuerkennen.

Mit der gebotenen Zurückhaltung dürfen wir es aber wagen, Gott nicht nur einen Namen zu geben, sondern ihn auch mit „Du" anzusprechen. Auch im Gedicht von Rilke, dem wir auf unserem Weg der Stille folgen, wird Gott persönlich angesprochen: „Und dich besitzen (nur ein Lächeln lang)." „Besitzen" im ursprünglichen Sinn des Wortes können wir freilich nur das, worauf wir sitzen. Aber selbst wenn wir dem Wort die Bedeutung von „zu Eigen haben" geben, wie es Rilke offenbar tut, kommen wir ins Stocken und haben das Bedürfnis, zu relativieren. So tut es denn auch der Dichter: Er spricht, einschränkend und in Klammer gesetzt, von einem Lächeln. Der „Besitz" Gottes dauert höchstens so lange wie ein Lächeln oder ein Wimpernschlag. Wir werden, Gott sei Dank, Gottes nie habhaft. Das würde ihn verdinglichen, zu einem Gebrauchsgegenstand machen, der die Sehnsucht unseres Herzens nicht zu stillen vermag.

Lied der Armut[22] nennt Silja Walter bezeichnenderweise das zarte Gedicht, in dessen Mitte der Vers steht: „Mein Herz bleibt still und klar."

Lied der Armut

Der Regen fällt in Tropfen
Vom Flieder in die Hopfen,
Vom Hopfen zum Jasmin.

Der Regen rinnt in Schnüren
Mich heimlich zu verführen,
Zu weinen und zu knien.

Und göss er auch in Strömen,
Was kann er mir denn nehmen?
Er glättet nur mein Haar.

Und brächt' er alle Traufen
Der Welt zum Überlaufen,
Mein Herz bleibt still und klar.

Der Mond wird aus den Schlehen
Schon wieder auferstehen.
Was bin ich denn betrübt?

Ist hinter allen Dingen,
Die scheinbar nicht gelingen,
Doch Einer, der mich liebt.

---

22 Silja Walter, Gesamtausgabe, Bd. 8, Freiburg / Schweiz 2003, S. 39.

In Bescheidenheit dürfen wir die bergende Wirklichkeit getrost persönlich ansprechen. Silja Walter gelingt dies mit einem einzigen Wort im letzten Vers des Gedichtes: *Einer*. Dieser Eine freilich ist in allen Dingen und in jedem Geschehen gegenwärtig.

Auf dem Weg zur tieferen umfassenderen Stille – das dürfte klar geworden sein – sind Durststrecken unvermeidlich. Wo es uns gegeben ist, sie durchzustehen und fruchtbar zu gestalten, werden wir in den Genuss jener Stille kommen, die uns erfüllt und aus der wir Kraft schöpfen für unseren Alltag. So gesehen gilt es, nicht an der Stille zu haften, sondern sie im Interesse unserer Aufgabe in der Welt wieder loszulassen.

4. Stille lassen

…
Um dich an alles Leben zu verschenken
…

Stille können wir nicht festhalten und besitzen – so wenig wie den lieben Gott. Stille ist uns geschenkt, um sie weiter zu verschenken. Jeder spirituelle Weg, der diesen Namen verdient, führt deshalb nach oben *und* nach unten, nach innen *und* nach außen, in die Stille *und* aus der Stille heraus. Das ist ein anspruchsvoller und langer Prozess.

Auf den folgenden Seiten erfahren Sie, was es heißen kann

- von den lichten Höhen eines Berges in die Niederungen des Alltags hinabzusteigen,
- im Sinne der bekannten Bildgeschichte vom Hirten und seinem Ochsen den lärmigen Marktplatz zu betreten und
- Mensch für andere zu sein, wie ihn Dietrich Bonhoeffer beschrieben und mit dem Einsatz seines Lebens eindrücklich bezeugt hat.

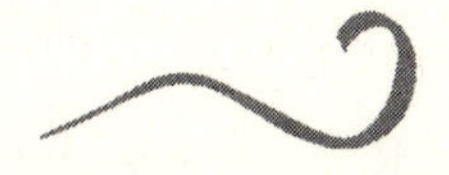

Vom Berg heruntersteigen

In diesem Buch war schon wiederholt die Rede vom Bergsteigen. Das hat seinen guten Grund. Denn der Berg ist ein starkes Symbol für den Weg, auch für den Weg der Stille auf seinen verschiedenen Stufen. Die vierte Phase des Weges, die Stille loszulassen, entspricht dabei dem Abstieg vom Berg. Diese Phase verlangt besondere Achtsamkeit.

Vor einigen Jahren hörte ich ein Radio-Interview mit einer jungen Bergsteigerin. Sie hatte mit einem IMAX-Filmteam den Mount Everest bestiegen und erzählte nun vom letzten Aufstieg und vom Gipfelerlebnis. Und dann sagte sie ein Wort, das mich zum Nachdenken angeregt hat und welches ich seither gelegentlich zitiere: „Man hat den Berg erst bestiegen, wenn man wieder unten ist." Sie wiederholte den Satz, um seine Bedeutung zu unterstreichen. Diese Einsicht der jungen Frau können alle Bergsteigerinnen und Bergsteiger bestätigen. Wer auf dem Gipfel steht, weiß, dass der schwierigste Teil noch bevorsteht – der Abstieg. Die Zeit ist knapp, Müdigkeit macht sich bemerkbar und das Wetter kann umschlagen. Da empfiehlt es sich, ohne Zögern und doch achtsam abzusteigen.

Bevor wir den Abstieg vom Berg wagen, den Ausstieg aus der Stille antreten, spüren wir der Symbolik noch vertieft nach – gleichsam als kurze Besinnung auf dem Gipfel.

Ein Blick auf die Religionsgeschichte macht deutlich: Es gibt wohl kaum ein altes Volk, das den Berg nicht als besonderen Ort der Begegnung mit dem Heiligen versteht. Das heißt auch mit dem, was uns fasziniert und zugleich erschreckt. Denken wir nur an die Bedeutung des Fuji in Japan, des Himalaya in Indien, des Elbrus in Persien, des Olymp in Griechenland, des Libanon und des Sinai im Nahen Osten. Unvergesslich bleibt mir eine Messfeier bei Sonnenaufgang auf einer großen Steinplatte am Mosesberg.

Heilige Berge und besonders ihre Gipfel sind Orte der Kraft. Diese Kraft erfährt, wer den langen Weg des Aufstiegs nicht scheut. So sagt Erhart Kästner vom Berg Athos: „Man muss, wenn man aus der Unruhe des Westens auf den heiligen Berg kommt, ziemlich weit unten anfangen. Erst nach Wochen, in denen ich in seinem Umkreis ein paar hundert Wegstunden gegangen und zu seinem Gipfel aufgestiegen war, zur Verklärungskapelle, erst nach Wochen, als ich ihn zu kennen begann, ... da erst begann ich zu merken, welchen Kraftstau er hat.“[23]

Auf heiligen Bergen staut sich gleichsam eine Kraft. Diese vermag uns zu läutern, zu verwandeln, ja zu verklären. Für Erhart Kästner ist es denn auch nicht zufällig, dass auf dem Berg Athos viele Darstellungen der Verklärungsgeschichte zu finden sind. Diese Geschichte geht uns an. „Verklärung gehört zu unserer Erfahrung, sie gehört zu unserem Leben“,

---

[23] Erhart Kästner, Stundentrommel vom heiligen Berg Athos, Frankfurt am Main 1974, S. 56, S. 76 sowie S. 35.

sagt Kästner zu Recht. Und so könnten wir ahnen, was es heißt, „wenn sich uns ein Mensch, eine Heimat, ein Wort, ein im Vertrauen gesprochener Satz, wenn sich uns eine Stunde verklärt." Wir erahnen oder erfahren einen „Durchbruch des Eigentlichen durchs Schemenhafte, des Lebendigen durch die Schatten."

Gipfelerlebnisse und Durchbrüche sind beglückend und notwendig. Doch daran festhalten zu wollen ist nicht der Weg. Zeugnisse aus der Bibel und der Zen-Tradition mögen dies verdeutlichen:

„Und Jesus nahm Petrus, Jakobus und Johannes beiseite und führte sie auf einen hohen Berg, aber nur sie allein. Und er wurde vor ihren Augen verwandelt; seine Kleider wurden strahlend weiß, so weiß, wie sie auf Erden kein Bleicher machen kann. Da erschien vor ihren Augen Elija und mit ihm Mose, und sie redeten mit Jesus. Petrus sagte zu Jesus: Rabbi, es ist gut, dass wir hier sind. Wir wollen drei Hütten bauen, eine für dich, eine für Mose und eine für Elija. Er wusste nämlich nicht, was er sagen sollte; denn sie waren vor Furcht ganz benommen. Da kam eine Wolke und warf ihren Schatten auf sie, und aus der Wolke rief eine Stimme: Das ist mein geliebter Sohn; auf ihn sollt ihr hören. Als sie dann um sich blickten, sahen sie auf einmal niemand mehr bei sich außer Jesus. Während sie den Berg hinabstiegen..."

In diesem Text aus dem 9. Kapitel des Markusevangeliums signalisieren die Höhe des Berges, das „Beiseite-Nehmen" und das „Allein-Sein" die Stille und die Einsamkeit. Sie sind unabdingbare Voraussetzungen für eine lichtvolle Erfahrung. Symbol für diese Erfahrung sind die strahlend weißen Kleider – Kleider, wie sie jeder Waschmittel-Werbung gut anstehen würden: „So weiß wie sie auf Erden kein Bleicher machen kann." Die drei besten Freunde Jesu – und Jesus selbst! – erfahren, wie zeitliche und räumliche Distanz wegfallen: Moses ist da, der Vertreter des Gesetzes; Elias ist da, der Prophet schlechthin. Sie erfahren im berühmten „Hier und Jetzt" einen erfüllten Augenblick – und diesen Augenblick möchten die Freunde Jesu festhalten. Sie möchten bleiben, sich einrichten, um die selige Stunde dauernd zu genießen. Sie möchten „drei Hütten bauen". Es ist Petrus, der Wortführer, der dies sagt, und er sagt es, weil ihm nichts Gescheiteres einfällt: „Er wusste nicht, was er sagen sollte." Und dann sind sie wieder allein, allein mit Jesus.

Vorher noch ertönt der Ruf, und er ist auch an uns gerichtet: Das ist mein geliebter Sohn! Auch dies gehört zur Erleuchtungserfahrung: Das radikale Angenommensein. Doch diese Erfahrung und die Erfahrung einer Weite ohne Grenzen und ohne gemessene Zeit ist nach allen Regeln der Spiritualität nur eine halbe Sache, solange wir nicht bereit sind, sie in unser ganz alltägliches Leben zu integrieren, sprich: vom Berg herunterzusteigen. Und so steigt Jesus mit seinen Freunden vom Berg, um nach Jerusalem zu gehen und seine Aufgabe der Versöhnung zu vollenden.

Was das Zen betrifft, so lässt sich eine intensive Übungswoche leicht mit einer Bergtour vergleichen. Bei einer Bergtour stehen wir früh auf, beim Zen auch. Bei einer Bergtour ist die (durch das Seil gefestigte) Kameradschaft sehr wichtig, beim Zen auch. Bei einer Bergtour ist der Führer von großer Bedeutung, beim Zen auch. Bei einer Bergtour sind Geduld, Ausdauer und das Dranbleiben unerlässlich, beim Zen auch. Es gibt sehr viele Gemeinsamkeiten, nicht zuletzt diese: In beiden Fällen dürfen wir nicht auf dem Höhepunkt stehen bleiben und die Einsicht oder Aussicht zu lange genießen wollen. Das Zen kennt viele Koan[24] dazu. Die folgenden Koan – es sind übrigens solche, von denen mein Lehrer Yamada Roshi sagte, er liebe sie ganz besonders – thematisieren ausdrücklich das Herabsteigen, das Loslassen der Stille.

Das 46. Beispiel aus der Koan-Sammlung Mumonkan[25] trägt die Überschrift: *Vorwärtsgehen von der Spitze einer Stange.*

> Meister Sekisô sagte: „Wie willst du von der Spitze einer hundert Fuß hohen Stange vorwärts gehen?" Ein anderer berühmter Altmeister sagte: „Auch wenn einer sitzend auf einem hundert Fuß hohen Mast Erleuchtung erfahren

[24] Ein Koan-Wort oder -Satz lässt sich nicht durch logisches Denken lösen, sondern nur, indem die Zen-Übenden eine tiefere Schicht des Geistes wecken.

[25] Die torlose Schranke. Mumonkan, München, 2. Aufl. 2004. S. 241, mit Kommentar von Yamada Roshi.

> hat, ist es noch nicht die vollständige Sache. Er muss von der Spitze des Mastes vorwärtsgehen und seinen ganzen Körper in den zehn Richtungen des Weltalls deutlich zeigen."

Meister Sekisô (986–1040) hat seinerzeit das Zen in China stark geprägt und dazu beigetragen, dass Zen zu dem geworden ist, was es ist: Ein Weg, der nicht in der Stille verharrt, in der Innerlichkeit stecken oder an der Erleuchtungserfahrung hängen bleibt, sondern sich der Welt stellt. Im Bild des genannten Koan heißt dies, von der Höhe herunterzusteigen. Wer in der lichten, beglückenden Erfahrung der Leere, die zugleich grenzenlose Fülle besagt, verweilt, bleibt befangen und unfrei. Er oder sie kann sich nicht ungehindert „in den zehn Richtungen" bewegen und die gestellten Aufgaben in großer Freiheit auf unkonventionelle schöpferische Weise angehen.

In einer anderen Koan-Sammlung, der wir bereits begegnet sind, findet sich unter dem Titel *Der Einsiedler vom Lotos-Gipfel*[26] ein ähnliches Beispiel:

> Der Eremit vom Lotos-Gipfel hob seinen Stab, zeigte ihn der Versammlung und sagte: „Wenn die Alten diesen Punkt erreicht hatten, warum wagten sie es nicht, hier zu bleiben?" Die Versammlung schwieg. An ihrer Stelle antwortete er sich selbst und sagte: „Weil das keine Kraft hätte auf dem Weg." Wiederum sagte er: „Und

[26] Hekiganroku, a.a.O., S. 269.

wie steht es damit?“ Nochmals antwortete er an ihrer Stelle sich selbst: „Mit dem Stab über meinen Schultern gehe ich, ohne auf andere zu achten, geradewegs zu den tausend und zehntausend Gipfeln.“

Man erzählt, dass der Einsiedler vom Lotos-Gipfel, einer Spitze des Tendai-Gebirges in China, jedem Besucher seinen erhobenen Stab hinhielt und ihm die besagte Frage stellte. Da niemand eine befriedigende Antwort zu geben vermochte, antwortete er selber: „Weil das keine Kraft hätte auf dem Weg.“ Das „Auf-dem-Weg-Sein“ bedeutet nach Yamada Roshi, auf die Straße gehen, sich für andere einsetzen. Sein Kommentar zu dieser Stelle ist so treffend – und nimmt übrigens den Vergleich mit dem Berg auf – dass ich ihn hier zitiere:

„Unser Text sagt also, dass der aufgerichtete Stab als solcher keine Hilfe darstellt, wenn ihr anderen Menschen helfen wollt. Wer mit seinem Satori (Erleuchtungserfahrung) hausieren geht, kann niemandem helfen. Denn in der Satori-Welt gibt es gar keinen anderen, der gerettet werden könnte oder müsste. Selbst Shakyamuni Buddha soll zwei ganze Wochen in der Welt des Nichts verbracht haben, wo es keine Seele gibt, die man retten könnte, auch wenn man wollte. Wer dort verbleibt, mag vielleicht für sich damit zufrieden sein, aber es wäre eine egoistische Selbstgefälligkeit. Wenn ihr das, was ihr erreicht habt, nicht zur Rettung anderer einsetzt, hat euer Satori keinen Sinn. Die Wesenswelt als solche hat keinen Wert, sobald es um die Rettung anderer geht. Redet jemand beim Versuch, anderen Menschen zu helfen, dauernd nur über sein eigenes Satori, bekommt er oder sie kein gutes Echo. Wer kranken Menschen helfen will, muss sich in die Welt der Krankheit einlassen. Wollt ihr Kindern helfen, müsst ihr in die Welt der Kinder hineingehen, müsst ihr werden wie die Kinder. Anders geht es nicht. Die Erleuchtungswelt ist wie der Aufenthalt auf der Spitze eines hohen Berges. Bleibt ihr dort, entfaltet sich keine Aktivität, um anderen menschlichen Wesen zu helfen. Ihr sollt also ganz bewusst noch einmal in die Welt der Kinder, in die Welt der Kranken, in die Welt der Leidenden, in die Welt der Armen hineingehen, um ihnen zu helfen."[27]

Dem ist nichts hinzuzufügen. Widerspricht aber der Einsiedler, der jahrelang nicht vom Lotos-Gipfel herabgestiegen ist, nicht der Aussage, man müsse vom Berg herabsteigen? Dazu wieder Yamada Roshi: „Heutzutage gibt es viel zu viel Lärm. Viele Menschen reden über Zen, auch wenn sie nichts davon verstehen, bloß um sich wichtig zu machen. Manche bauen große Tempel oder machen angeberische Werbung für sich. Ich will nicht ausschließen, dass solche Mittel manchmal nötig sind, um Zen überhaupt bekannt werden zu lassen. Lieber aber würde ich es sehen, wenn ihr an einem abgelegenen Ort in Ruhe die eigene Zenverwirklichung vertieft – so wie der Eremit vom Lotos-Gipfel."[28]

---

[27] a.a.O. S. 274.
[28] a.a.O. S. 275 f.

Man muss erst die Stille erfahren haben, um andere auf dem Weg der Stille zu führen. Man muss erst auf dem Gipfel gewesen sein, um vom Berg herunterzusteigen und den Marktplatz zu betreten.

Den Marktplatz betreten

Das Motiv der Hin- *und* der Rückreise, der Selbst- *und* der Weltfindung, der Pflege der Stille *und* der Bereitschaft, diese Stille zu lassen, findet sich beispielhaft in der altchinesischen Zen-Geschichte vom Ochsen und seinem Hirten. Ich habe in meinem Büchlein *Der Weg ist in dir* diese Bildgeschichte kommentiert.[29] Hier beschränke ich mich auf eine Kurzfassung, die zugleich eine Zusammenfassung und Vertiefung der bisherigen Stufen auf dem Weg der Stille darstellt. Eine Zusammenfassung deshalb, weil die zehn Ochsenbilder unseren fünf Stufen des Weges entsprechen. Einen besonderen Akzent lege ich – da es in diesem Kapitel um das Lassen der Stille geht – auf das Ende der Geschichte, wo vom Gang auf den Marktplatz die Rede ist.

Die Geschichte verdanken wir Meister Kuo-an (12. Jh.). Er wollte damit seinen Schülerinnen und Schülern den Zugang zum Zen eröffnen und ihnen einen Weg zeigen, wie sie zu sich selbst und zur Welt kommen können. Der Ochse stehe für das wahre ursprüngliche Wesen; der Hirte sind wir, Menschen wie Sie und ich. Oft genug sind wir uns selbst, Gott und der Welt entfremdet, fühlen uns von allen guten Geistern verlassen und verraten. Werner Bergengruen hat in einem Gedicht präzise in Worte gefasst, was ich meine. Die erste Strophe lautet:

---

[29] Der Ochse und sein Hirte, Pfullingen, 5. Aufl. 1985.

Wir sind so sehr verraten,
Von jedem Trost entblößt.
In all den schrillen Taten
Ist nichts, das uns erlöst.

In dieser Situation wünschen wir uns mehr Stille. Wir klagen vielleicht über Zeitmangel und leiden unter dem „Fluch des Jahrhunderts", der Eile (J. Jewtuschenko). Aber irgendwie kommen uns Betrieb und Geschäftigkeit entgegen, mindestens zeitweise. Sie lassen uns wichtig und unentbehrlich erscheinen und geben uns zugleich die Möglichkeit, unsere Sehnsucht nach einem veränderten, ruhigeren Leben zu vergessen, den entsprechenden Ruf aus der Tiefe des Herzens zu übertönen. Und doch ist der Ruf da. Immer mehr Menschen folgen ihm und fangen an, sich zu besinnen. Ganz einfach deshalb, weil sie genug haben vom Hasten und Hetzen. So heißt es denn weiter in Bergengruens Gedicht:

Wir sind des Fingerzeigens,
Der plumpen Worte satt.
Wir wollen den Klang des Schweigens,
Das uns erschaffen hat.

Gewalt und Gier und Wille
Der Lärmenden zerschellt.
O komm, Gewalt der Stille,
Und wandle du die Welt.

Der enttäuschte, suchende und fragende Mensch steht auch am Anfang der Geschichte vom Hirten und seinem Ochsen. Der Hirte macht sich (erstens) auf die Suche, entdeckt (zweitens) die Spur des Ochsen, seines wahren, aber vergessenen ursprünglichen Wesens und kommt (drittens) mit ihm bereits in Berührung. Die entsprechenden Verse lauten:

> Verlassen in endloser Wildnis schreitet der Hirte dahin durch wucherndes Gras und sucht seinen Ochsen.
>
> Weit fließt der Fluss, fern ragen die Gebirge, und immer tiefer ins Verwachsene läuft der Pfad.
> … (Verse zum 1. Bild)
>
> Unter den Bäumen am Wassergestade sind hier und dort die Spuren des Ochsen dicht hinterlassen.
>
> Hat der Hirte den Weg gefunden inmitten des dichtwuchernden duftenden Grases?
> … (Verse zum 2. Bild)
>
> Die Sonne strahlt warm, mild weht der Wind, am Ufer grünen die Weiden.
>
> Es ist kein Ort mehr, dahinein der Ochse sich entziehen könnte.
> … (Verse zum 3. Bild)

Die Verse zu den drei ersten Ochsenbildern entsprechen der ersten Stufe unserer Gliederung: *Stille suchen*. Die zweite Stufe des Weges: *Stille ertragen* findet eine Parallele im mühsamen Einfangen und im vorsichtigen, geduldigen Zähmen des Ochsen.

> Nach höchsten Mühen hat der Hirte den Ochsen gefangen.
>
> Zu heftig noch dessen Sinn, die Kraft noch zu wütend, um leicht seine Wildheit zu bannen.
> … (Verse zum 4. Bild)
>
> Von Peitsche und Zügel darf der Hirte seine Hand keinen Augenblick lassen.
>
> Sonst stieße der Ochse mit rasenden Schritten vor in den Staub.
>
> Ist aber der Ochs geduldig gezähmt und zur Sanftmut gebracht,
>
> Folgt er von selbst ohne Fessel und Kette dem Hirten.
> … (Verse zum 5. Bild)

Jetzt naht der Moment, da der Hirte friedvoll auf dem Ochsen heimreiten darf. Das entspricht der Stufe, die wir in unserer Gliederung *Stille genießen* nennen:

Der Hirte kehrt heim auf dem Rücken des Ochsen, gelassen und müßig.

In den fernhinziehenden Abendnebel klingt weit der Gesang seiner Flöte.

Takt auf Takt und Vers für Vers tönt die grenzlose Stimmung des Hirten.

Hört einer auf den Gesang, braucht er nicht noch zu sagen, wie es dem Hirten zumute.

... (Verse zum 6. Bild)

Hirte und Ochse, das Ich und das Selbst haben sich gefunden. Das Fest der Freude beginnt – kein lautes mit Musikkapelle; die ländliche Flöte genügt. Das Hirtenlied der Heimat, die der „verlorene Sohn" wieder gefunden hat, ist die passende Melodie. Ein altes japanisches Lied geht so: „Dämmerung senkt sich schon in die Täler. Auf dem Wege erklingt das Lied der Holzfäller. Nun kehren wir heim, kehren heim, heim."

„Heimkehren" ist das richtige Wort für diese Phase des Weges. Es ist dem Menschen gemäß, zu sich zu kommen, bei sich daheim zu sein. Bei aller Selbst- und Seinsvergessenheit ist unser Herz gezeichnet mit dem Zeichen des Ursprungs und findet den Weg heim. So hat es Max Bolliger gesehen und verdichtet:

Aber das Herz
ist eine ausgeschickte Taube,
gezeichnet mit dem Ring
an den Füßen,
und muss heim,
muss den Weg finden
auch mit zerfetzten Flügeln
und blinden Augen,
muss heim, heim,
wieder heim zu sich selbst.[30]

Um die Ochsengeschichte wieder aufzunehmen:

> Schon ist der Hirte heimgekehrt auf dem Rücken des Ochsen.
>
> Es gibt keinen Ochsen mehr. Allein sitzt der Hirte müßig und still.
>
> … (Verse zum 7. Bild)

Jetzt ist der Hirte dabei, sich von jedem Haften an die Zen-Erfahrung zu befreien. Dies geschieht nicht dadurch, dass er die Erfahrung verleugnet oder verwischt, sondern dadurch, dass er sie in sein Leben integriert und so fruchtbar werden lässt. Damit wird übrigens nochmals deutlich, dass der Ochse nicht etwas außerhalb von mir ist, etwas mir Fremdes, sondern mein ursprüngliches Wesen, mein wahres Selbst. Es gibt keinen Ochsen mehr. Anders gesagt:

---

[30] Max Bolliger, Ausgeschickte Taube, in: Ausgeschickte Taube. Gedichte, Küsnacht 1958, S. 5.

Der Hirte *ist* der Ochse; er ist eins mit seinem ursprünglichen Wesen, er ist ganz bei sich. Das ist mit Zen-Erfahrung gemeint.
Der Weg ist damit nicht zu Ende. Eine Erfahrung macht noch keinen Erfahrenen, eine Erleuchtung noch keinen Erleuchteten. Wer das missachtet, ist in Gefahr, der sogenannten Zen-Krankheit zu verfallen. Damit sind nicht etwa Schmerzen in den Beinen und im Rücken gemeint. Zenkrank sind Menschen, die nicht bereit sind, vom Berg herunterzusteigen oder, wenn sie heruntersteigen, dann nur, um anderen von der „wunderbaren Sache", nämlich der Zen-Erfahrung zu erzählen. Der Weg und damit der Läuterungsprozess (im Bild 8 und 9 dargestellt) geht also weiter, bis schließlich die Erfahrung der Einheit mit allen und mit allem wie selbstverständlich in Fleisch und Blut übergegangen ist, und wir feststellen dürfen: Der Ochse, das heißt, unser wahres Selbst, zeigt sich in jedem Atemzug, im Kommen und Gehen, im Essen und Trinken, in Arbeit und Meditation, im Reden und im Schweigen, im Umgang mit Natur und Mensch – kurz: in all unserem Tun und Lassen.

Wer das erfährt, ist wahrhaft frei und bereit für die vierte und fünfte Stufe des Weges, auf denen es gilt, die Stille loszulassen – und Stille zu sein. Frei und unbeschwert betritt er oder sie den Marktplatz des Lebens. Lachend wirft sie oder er sich ins wogende Leben und bringt ohne Blendwerk und Zauber Menschen zum Erblühen:

Mit entblößter Brust und nackten Füßen kommt er herein auf den Markt.

Das Gesicht mit Erde beschmiert, der Kopf mit Asche über und über bestreut.

Seine Wangen überströmt von mächtigem Lachen. Ohne Geheimnis und Wunder zu mühen, lässt er jäh die dürren Bäume erblühen.

(Verse zum 10. Bild)

Wer Zen ganz ins Leben integriert hat, ist frei von jeder Fremdbestimmung und Schablone, frei auch von der Vorstellung, um jeden Preis still sein zu müssen. Das Besondere an einem solchen Menschen ist, dass er nichts Besonderes an sich hat. Er ist ganz gewöhnlich, unauffällig, offen für andere – ohne sich anbiedern zu wollen. Der große chinesische Meister Lin-Chi (gest. 866) meinte ihn, wenn er sagte, er sei der „wahre Mensch ohne Rang und Namen". Sein Name, so sagt er, sei Geheimnis. Diesen Geheimnis-Menschen zu ergründen, nicht durch Spekulation, sondern durch Erfahrung – und sein Leben daraus zu gestalten, ist Ziel des Zen-Weges.

Die Ochsenbilder machen deutlich, was Zen will, nämlich Menschen befähigen, aus einer tiefen spirituellen Erfahrung heraus, aus der Erfahrung der Einheit mit allem, was ist, verantwortlich, nachhaltig, zum Wohle aller – und das heißt ethisch – zu handeln. In seinem Buch *Ethik des Zen* hält Robert Aitken fest: „Meiner Ansicht nach ist eine wahre Zen-Gemeinschaft weniger ein bloßer Zufluchtsort, sondern vielmehr ein Zentrum, aus dem ethisch motivierte Menschen hervorgehen, Menschen also, die bereit sind, auch im weltlichen Gemeinschaftsleben Verpflichtungen zu übernehmen."[31]

Dem kann ich nur zustimmen. Menschen, die ich seit Jahren auf dem Zen-Weg (und das heißt vor allem auch auf dem Weg der Stille) begleite, sind bereit, sich allein oder in Gruppen für andere zu engagieren. Sie tun dies zum Beispiel in der von Pia Gyger und mir gegründeten *Lassalle-Friedensbewegung* oder in der Support-Gruppe des von uns initiierten Projektes *Jerusalem, UNO-Stadt zum Erlernen des Friedens in der Welt,* von dem noch die Rede sein wird.

[31] Robert Aitken, Ethik des Zen, München 1995, S. 10.

Dieses Kapitel möchte ich nicht abschließen, ohne einen Menschen zu würdigen, der wie kaum ein anderer die Stille und Abgeschiedenheit gepflegt hat und der sich (mit den Jahren) radikal für die Welt geöffnet hat: Dietrich Bonhoeffer. Seine Aktualität ist ungebrochen, auch und gerade in der Frage, die uns hier beschäftigt: Wie finde ich Stille *und* wie finde ich aus Stille und Besinnung zur Aktion? Wie finde ich zum Glauben *und* wie finde ich dank Glauben zum politisch wirksamen Handeln? Da Leben und Werk bei Bonhoeffer zusammengehören wie bei kaum einem anderen Theologen, werfen wir zuerst einen Blick auf seine Biografie.[32]

Dietrich Bonhoeffer wurde 1906 zusammen mit seiner Zwillingsschwester Sabine als sechstes bzw. siebtes von acht Kindern in Breslau geboren. Seine Stadt aber wurde und blieb Berlin, wo der Vater von 1912 an als Professor der Psychiatrie wirkte. Hineingeboren in eine liberal-bürgerliche Familie, hätte dem jungen Dietrich kaum einer prophezeit, dass er Theologe und Pastor würde. Als er aber im Gymnasium in Berlin kurz entschlossen Hebräisch wählte, begannen seine älteren Brüder den Jüngeren zu necken, wie er sich denn nur der Kirche, diesem klein-

[32] Zur Literatur verweise ich auf meine unveröffentlichte Arbeit: Kirchliche Existenz. Untersuchungen zum Verhältnis Kirche-Welt bei Dietrich Bonhoeffer.

bürgerlichen, langweiligen Gebilde, verschreiben könne. Mit erstaunlichem Selbstbewusstsein antwortete Dietrich: „Dann werde ich diese Kirche eben reformieren."

Mit Leidenschaft begann der junge Bonhoeffer 1923 das Theologiestudium in Tübingen. Dort gab es neben dem bunten Treiben in der heute noch existierenden Studentenverbindung „Igel" für Bonhoeffer nur noch das Studium. 1933 – inzwischen hatte er eine Doktorarbeit über die Kirche geschrieben und einen Studienaufenthalt in New York absolviert – verzichtete er aus Solidaritätsgründen mit seinen nicht arischen, durch den Arierparagraphen betroffenen und dispensierten Amtsbrüdern, auf einen ansehnlichen Pfarrerposten im Berliner Osten. Stattdessen wählte er ein unbedeutendes Pfarramt für Deutschsprachige in London, bis er 1935 als Leiter eines Predigerseminars der Bekennenden Kirche in Finkenwalde wieder Theologie zu betreiben begann.

Aus dieser Zeit liegt eine Schrift vor, die man heute ohne Bedenken einen Klassiker des geistlichen Lebens nennen kann: *Gemeinsames Leben.* In dieser Schrift hat Dietrich Bonhoeffer die Erfahrungen, die er in Finkenwalde im Kreise seiner Schülerinnen und Schüler mit der Stille und mit dem „einsamen Leben" gemacht hat, festgehalten. Im Abschnitt *Der einsame Tag* lesen wir: „Die christliche Gemeinschaft ist kein geistliches Sanatorium. Wer auf der Flucht vor sich selbst bei der Gemeinschaft einkehrt, der missbraucht sie zum Geschwätz und zur Zerstreuung, und mag dieses Geschwätz und diese Zerstreuung noch so geistlich aussehen." Bonhoeffer fordert deshalb: „*Wer nicht allein sein kann, der hüte sich vor der Gemeinschaft.*" (Umgekehrt aber gilt für ihn auch der Satz: „*Wer nicht in der Gemeinschaft steht, der hüte sich vor dem Alleinsein.*"[33])

Das Merkmal für Einsamkeit (nicht zu verwechseln mit Vereinsamung!) ist für Bonhoeffer Schweigen; aber Schweigen bedeutet nicht stumm sein. „Es gibt ein unerlaubtes, selbstgefälliges, ein hochmütiges, ein beleidigendes Schweigen." Es gibt aber auch ein segensreiches Schweigen und eine kraftvolle Stille. Mit den Worten Bonhoeffers: „Es liegt im Stillesein eine wunderbare Macht der Klärung, der Reinigung, der Sammlung auf das Wesentliche."

Was Bonhoeffer für alle, die den Weg der Stille betreten und Meditation praktizieren, sagt, ist höchst bedenkenswert.

„Es ist nicht nötig, dass wir in der Meditation durch den ganzen Text hindurchkommen. Oft werden wir bei einem einzigen Satz oder gar bei einem Wort stehen bleiben müssen, weil wir von ihm festgehalten werden, gestellt sind und nicht mehr ausweichen können. Genügt nicht oft ein Wort…

Es ist nicht nötig, dass wir in der Meditation darum bemüht sind, in Worten zu denken und zu beten. Das schweigende Denken und Beten, das nur aus dem Hören kommt, kann oftmals förderlicher sein.

Es ist nicht nötig, dass wir in der Meditation neue Gedanken finden. Das lenkt uns oft nur ab und be-

---

[33] Hervorhebungen der beiden Sätze von Bonhoeffer selbst.

friedigt unsere Eitelkeit. Es genügt vollkommen, wenn das Wort, wie wir es lesen und verstehen, in uns eindringt und bei uns Wohnung macht."

Bonhoeffer weiß aber auch um die Trockenheit bei der Übung der Stille und Meditation. Er weiß (im Sinne der zweiten Stufe des Weges), dass man die Stille ertragen muss:

„Es ist vor allem nicht nötig, dass wir bei der Meditation irgendwelche unerwarteten, außergewöhnlichen Erfahrungen machen. Das kann so sein, ist es aber nicht so, so ist das kein Zeichen einer vergeblichen Meditationszeit. Es wird sich nicht nur am Anfang, sondern immer wieder zu Zeiten eine große innerliche Dürre und Gleichgültigkeit bei uns bemerkbar machen, eine Unlust, ja Unfähigkeit zur Meditation. Wir dürfen dann an solchen Erfahrungen nicht hängen bleiben. Wir dürfen uns durch sie vor allem nicht davon abbringen lassen, mit großer Geduld und Treue unsere Meditationszeit nun gerade einzuhalten."

Nach diesem Blick in die programmatische Schrift des jungen Bonhoeffer, die vor allem der Pflege der Stille und der Innerlichkeit gewidmet ist, befassen wir uns nun mit jener Phase seines Lebens, in der er sich der Welt und dem aktuellen Geschehen zuwendet. Es ist die Phase, die wir als *Stille lassen* bezeichnen. Bonhoeffer selbst spricht vom „weltlichen Sektor", und er erlebt so etwas wie eine Bekehrung zur Welt.

Im Gefängnis – er wird am 5. April 1943 aufgrund seiner politischen Konspiration gegen Hitler verhaftet – macht sich Bonhoeffer Gedanken über eine „religionslose Zeit" und über die „Mündigkeit der Welt". Berühmt geworden ist sein Brief vom 30. April 1944 an seinen Freund Eberhard Bethge:

„Die Zeit, in der man alles den Menschen durch Worte – seien es theologische oder fromme Worte – sagen könnte, ist vorüber; ebenso die Zeit der Innerlichkeit und des Gewissens, und das heißt eben die Zeit der Religion überhaupt. Wir gehen einer völlig religionslosen Zeit entgegen; die Menschen können einfach, so wie sie nun einmal sind, nicht mehr religiös sein. Auch diejenigen, die sich ehrlich als ‚religiös' bezeichnen, praktizieren das in keiner Weise; sie meinen also vermutlich mit ‚religiös' etwas ganz anderes."

Entscheidend ist für Bonhoeffer, im Geiste Jesu, der für ihn „der Mensch für andere" ist, zu handeln. Er weiß sich den Opfern jeder Gesellschaftsordnung in unbedingter Weise verpflichtet, auch wenn sie nicht der christlichen Gemeinde angehören. So ist es für ihn selbstverständlich, sich gegen die Verfolgung der Juden zu wenden. Die Aufgabe der Kirche und seine eigene Aufgabe sei es, nicht nur die Opfer unter dem Rad zu verbinden, sondern dem Rad selber in die Speichen zu fallen.

Dem Rad in die Speichen fallen! Eine ähnliche Antwort gibt Bonhoeffer einem Mitgefangenen in Berlin-Tegel auf die Frage, wie er es verantworten könne, als Christ und Theologe am aktiven politischen Widerstand teilzunehmen: Wenn ein betrunkener Autofahrer mit hoher Geschwindigkeit den

Kurfürstendamm herunterrase, könne es nicht seine, des Pfarrers einzige oder vornehme Aufgabe sein, die Opfer des Wahnsinnigen zu beerdigen und deren Angehörige zu trösten; wichtiger sei es, dem Betrunkenen das Steuerrad zu entreißen.

Bonhoeffer hegte im Gefängnis bis zum Schluss die Hoffnung, seine „Ethik" fertig schreiben zu können. Mit deren Hilfe wollte er auch theoretisch darlegen, was es heißt, solidarisch mit der Welt zu sein. Es mag offen bleiben, wie weit ihm dies im fragmentarischen Versuch *Widerstand und Ergebung* gelungen ist. In seinem Leben jedenfalls ist beispielhaft ablesbar: In einer „religionslosen Zeit" mündig und ethisch verantwortbar handeln bedeutet, bewusst aus der Stille und der Innerlichkeit herauszutreten, das Schweigen zu brechen und Partei zu ergreifen.

Das Ziel lässt sich nicht ohne den Weg erreichen; den Bonhoeffer des Widerstandes gäbe es nicht ohne den Bonhoeffer des „Gemeinsamen Lebens". All jene, die in Bonhoeffers stillen und besinnlichen Jahren als Leiter des Seminars in Finkenwalde einen „Umweg" oder gar einen „Holzweg" gesehen haben, müssen sich fragen lassen: Hat Bonhoeffer nicht gerade dank der in Finkenwalde verbrachten stillen Jahre sich in überraschend neuer Weise für die Welt öffnen können? Hat er nicht aus der Kontemplation die Kraft für den Kampf und den Widerstand geholt? – Bonhoeffer konnte die Stille lassen, weil er sie erfahren hatte.

Im Grunde bewegte Bonhoeffer in den letzten Jahren seines kurzen Lebens (er wurde als 39-Jähriger am 9. April 1945 umgebracht) die Frage, ob er noch zu gebrauchen sei. Er stellt diese Frage in einer „Rechenschaft", die er an Weihnachten 1942 einigen Freunden zukommen ließ:

„Wir sind stumme Zeugen böser Taten gewesen, wir sind mit vielen Wassern gewaschen, wir haben die Künste der Verstellung und der mehrdeutigen Rede gelernt, wir sind durch Erfahrung misstrauisch gegen die Menschen geworden und mussten ihnen die Wahrheit und das freie Wort oft schuldig bleiben, wir sind durch unerträgliche Konflikte mürbe oder vielleicht sogar zynisch geworden – sind wir noch brauchbar? Nicht Genies, nicht Zyniker, nicht Menschenverächter, nicht raffinierte Taktiker, sondern schlichte, einfache, gerade Menschen werden wir brauchen."

Schlichte, einfache, gerade Menschen! Das erinnert an den Hirten am Ende der Ochsengeschichte. Parallelen auch hier: Echte spirituelle Wege in Ost und West führen in ihrer Konsequenz schlicht, einfach und gerade in die Welt und zu den Menschen hin.

Stille lassen! Wenn uns das gelingt, sind wir wirklich still. Sonst haften wir vielleicht an einer Vorstellung von Stille und liebäugeln mit einer Idee davon, aber stille sind wir nicht. So bleibt die Frage: Was heißt das, Stille sein?

5. Stille sein

…
wie einen Dank

Unser Rilke-Gedicht endet mit einem Vergleich, wie er knapper kaum sein könnte: Die Stille, die wir erfahren, schenken wir weiter an alles Leben *wie einen Dank.* Die lateinische Sprache kennt zwei Worte für danken, nämlich „gratiam dicere", Dank sagen, und „gratias agere", Dank in Taten unter Beweis stellen. Vor allem Sagen und Tun liegt aber das Sein. Und so sehe ich noch einen dritten Aspekt des Dankens: Dank sein, „gratia esse". Bezogen auf die Stille bedeutet dies, so sehr von Stille erfüllt und durchdrungen zu sein, dass sie in all unser Tun und Lassen, in unseren ganz konkreten Alltag hineinfließt. Dass wir also Stille *sind.* Silvia Ostertag drückt dies so aus:

> Je stiller es wird,
> umso mehr haben Geräusche
> in der Stille Platz.
> Oder umgekehrt:
> Stille findet sich dann auch
> in allen Geräuschen.
>
> Je stiller es wird, umso eher
> hat auch das Gehen

in der Stille Platz.
Oder umgekehrt:
Stille findet sich dann
in den Schritten.

Je stiller es wird,
umso mehr und mehr
hat auch der Alltag
in der Stille Platz.
Oder umgekehrt:
Die Stille findet sich
dann im Alltag überall.[34]

[34] Silvia Ostertag, a. a. O., S. 69.

Sandokai

Bewegung und Stille passen zusammen wie eine Schachtel und ihr Deckel. Dieses Bild entnehme ich einem bekannten Lehrgedicht aus der Frühzeit des Zen in China. Es stammt aus der Feder von Meister Sekito Kisen (geb. um 700), einem Mann mit tiefer Zen-Erfahrung und großem literarischem Talent.

Den Namen Sekito, Felskopf, erhielt er, weil er in einer Hütte auf einem Felsen zu meditieren pflegte. Der Titel seines Lehrgedichtes lautet *Sandokai. San,* wörtlich *drei* steht für das Viele, im Sinne von eins, zwei, drei … viele. Es steht für die Vielheit und Verschiedenheit der Dinge, Ereignisse, Taten. *Do,* chinesisch Tao, meint das Eine. Konfuzius nennt es Weg und umschreibt diesen so: „Der Weg liegt offen da, aber die Menschen suchen ihn in weiter Ferne. Die Bauern benutzen ihn jeden Tag, ohne sich dessen bewusst zu sein. Nicht für einen Augenblick können wir von ihm getrennt sein. Wovon wir getrennt werden können, das ist nicht der Weg."

„Weg" bedeutet auch *„Stille"* im umfassenden Sinn. Und auch von der Stille gilt: Sie ist da. Wir können sie nicht „machen", wohl aber ihrer inne werden und sie als *Do* in allem und jedem, im *Vielen (San)* zum Tragen bringen. So werden *San* und *Do* verbunden. Diese Verbindung kommt im *Kai* zum Ausdruck. Es bedeutet wörtlich „zusammenkommen" oder „einander die Hände geben". *Sandokai* als Titel des Lehrgedichtes meint die Harmonie von außen und innen, vom Vielen und Einen, von Bewegung und Stille.

Im Gedicht *Sandokai* braucht der Autor Bilder, Vergleiche, um die Einheit vom Vielen und vom Einen auszudrücken. Seiner Meinung nach passen Stille einerseits und das Viele und Vielerlei, aber auch Allerlei des Lebens andererseits haargenau zusammen wie ein Deckel zu seiner Schachtel. Dazu muss man wissen, dass die Chinesen damals schon eine Meisterschaft in der Herstellung von Schatullen, Dosen und Truhen entwickelt hatten. Die Deckel waren kaum auszumachen. Wo ist die Dose, wo ist der Deckel? Nur das Ganze war sichtbar. Wir könnten auch eine Uhr zum Vergleich heranziehen. Gehäuse und Boden sind zu *einer* Uhr verbunden, so dass nicht einmal das Wasser den Weg zwischen die beiden findet – die Uhr ist wasserdicht. Der Dalai Lama ist übrigens bekannt für seine Geschicklichkeit, Uhren zu zerlegen und sie dann wieder zusammenzufügen. Mir ist nicht bekannt, ob er heute noch Zeit dafür findet, und ob er dabei an Sandokai, an die Einheit vom Relativen und Absoluten, von Bewegung und Stille denkt. Es könnte aber durchaus sein.

Der Autor von *Sandokai* brauchte noch ein anderes Bild: Stille und Aktivität wechseln einander ab wie beim Gehen der vordere und der hintere Fuß. Stille und Aktivität sind nicht-eins, denn sie lassen sich unterscheiden. Aktivität und Stille sind nicht-zwei, denn sie durchdringen sich aufs engste. Sie sind zwei Aspekte der *einen* Wirklichkeit. So ist auch das Gehen nicht-eins und nicht-zwei. Es ist *ein* Gehen mit *zwei* Beinen.

An dieser Stelle möchte ich in der Sprache unserer Tradition noch etwas verdeutlichen, was mit *Stille sein* gemeint ist.

In „Möchten Sie Mozart gewesen sein" stellt Peter Bichsel[35] eine tiefe Betrachtung an über die Einheit von der sichtbaren und der unsichtbaren Welt: „Ja, ich liebe sie auch, diese sichtbare Welt, eine Mondnacht, einen Sonnenaufgang, eine Wanderung im Jura, ein Glas Wein oder zwei in einer möglichst einfachen Beiz, eine Arbeit, die mir gefällt, einen guten Schlaf und ein prächtiges Frühstück. Aber jener Gott, der nichts anderes gemacht hätte als nur Himmel und Erde, der wäre mir zu wenig. Ihn nur als Schöpfer zu sehen, das ist mir zu technisch und erinnert mich zu sehr an das Guinessbook der Rekorde." Gott hat *alles* geschaffen, „Himmel und Erde, die sichtbare und die unsichtbare Welt". Und so sieht es auch Mozart. Für Bichsel streichelt Mozart in seiner Credo-Messe mit „Zärtlichkeit" das Wort „invisibilium". Was ist dieses Unsichtbare? Die unsichtbare Welt ist laut Bichsel „all das, was man nicht kaufen, nicht besitzen kann, und was letztlich unser Leben lebenswert macht. Ich möchte es nicht benennen, weil ich niemandem damit seine unsichtbare Welt nehmen möchte. Sie ist wohl noch mehr als die sichtbare für jede einzelne, jeden einzelnen etwas anderes."

Die unsichtbare Welt, wie sie hier Bichsel beschreibt, entspricht präzise dem *Einen*, dem *Do*, dem

---

[35] Peter Bichsel, a.a.O., S. 22ff.

Weg. Wir können diese Welt auch „Stille" nennen, und auch sie ist nicht zu trennen von der sichtbaren Welt, dem Vielen, dem *San.* Echter Spiritualität entspricht es demnach, diese beiden „Welten" nicht auseinander zu reißen, sondern sie immer mehr als nicht-zwei zu sehen und entsprechend zu handeln – zum Wohle der *einen* Welt.

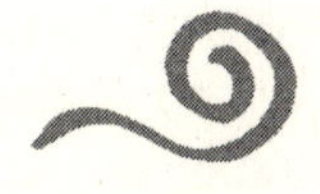

Der „Eremit"

Wann immer ich in einem Zen-Kurs die folgende Geschichte vorlege, kann ich mit großer Aufmerksamkeit rechnen. Den Hörerinnen und Hörern fällt es leicht, sich mit dem „Helden" zu identifizieren. Einmal erhielt ich von einem Mann, der bei mir regelmäßig meditierte, einen Brief, in dem er mir mitteilte, der Beruf und die drei kleinen Kinder nähmen ihn total in Anspruch, so dass er zur Zeit nicht nach Bad Schönbrunn zu Kursen kommen könne. Sein Leben sei jetzt das des Eremiten in der Geschichte, die er von mir gehört habe. Worum geht es?

Eines Tages ging Tokuzan über den Markt einer nahegelegenen Stadt. Dabei fiel ihm besonders ein Hirseverkäufer auf, der die Vorzüge seiner Ware mit lauter Stimme anpries. Nachdem er den Mann eine Weile beobachtet hatte, knüpfte er ein Gespräch mit ihm an und war erstaunt über dessen kluge Bemerkungen.

„Für einen Hirseverkäufer sind Sie ein großartiger Philosoph", sagte er. „Als Eremit habe ich viel Zeit zum Meditieren", stimmte der Mann zu. „Haben Sie gesagt ‚Eremit'?", fragte der Meister, denn er dachte, er hätte missverstanden. Der Mann deutete auf das Menschengedränge und sprach: „Durch die Erfordernisse der Umstände wurden die letzten Spuren meines Privatlebens ausgewischt. Nun ist meine Abgeschiedenheit vollkommen." „Bemerkenswert“, sagte Tokuzan, „wollen Sie dies bitte erklären?“ Der Mann fuhr fort: „Vor langer Zeit wollte ich mich von der Welt zurückziehen, um ein Eremit zu werden. Ich wurde jedoch von der Liebeskrankheit befallen und heiratete stattdessen. Meine Frau gab mir viele Kinder, einschließlich einiger guter, aber lärmiger Söhne. Immer noch sehnte ich mich nach Zurückgezogenheit, um zu meditieren. Aber die Ansprüche, die meine Familie zwangsläufig an mich stellte, nahmen zu, und meine Freizeit wurde immer kürzer. Endlich, als meine ganze Zeit ausgefüllt war, ging ich weg, und jetzt lebe ich allein im Schoß meiner Familie und im Lärm des Marktes. Ich bezweifle, ob ich je zurückkommen werde.“ Er bot Tokuzan eine Hand voll Hirse an. Tokuzan staunte, als er die Hirse annahm: „Ich glaube, es gibt in ganz China niemanden Ihresgleichen.“ Gutmütig wandte der Mann ein: „In ganz China gibt es niemanden außer mir.“[36]

Der Eremit ist eine moderne Zen-Geschichte, die der Engländer W. J. Gabb erfunden hat. Auch Tokuzan, der im Text vorkommt, ist fiktiv und darf nicht mit Meister Tokusan, der vor 1200 Jahren in China gelebt hat, verwechselt werden. Die Erzählung arbeitet, ähnlich wie es klassische Zen-Texte tun, mit Gegensätzen und wirft so unser übliches Verstehen über den Haufen. Dies gilt auch und gerade im Blick auf die Frage, die uns hier beschäftigt: Wie können

[36] Der Eremit und andere Zen-Erzählungen. Kommentiert von Henry B. Platov, Zürich 1989, S. 29.

wir Stille bewahren mitten im aktiven Leben, wie können wir auf dem Marktplatz „Eremit" sein und bleiben? Die Frage ist berechtigt; der aus dem Griechischen stammende Begriff *Eremit* meint ja einen Menschen, der in der Einsamkeit (eremos) lebt. Eremiten sind Menschen, die in der Wüste in versteckten Waldtälern und einsamen Hütten hausen. Bruder Klaus in der Abgeschiedenheit vom Flüeli-Ranft war Eremit, aber doch nicht der Hirseverkäufer mitten in der Betriebsamkeit eines Marktes! Das Erstaunen des Marktbesuchers Tokuzan ist groß, und so klärt ihn der Hirseverkäufer auf: „Durch die Erfordernisse der Umstände wurden die letzten Spuren meines Privatlebens ausgewischt. Nun ist meine Abgeschiedenheit vollkommen."

Wer soll das verstehen? Nun, wir sind, zumal im Kinder- und Jugendalter sehr mit uns selbst beschäftigt, mit unseren Gefühlen und Empfindungen, mit dem, was uns zusteht oder mit dem, wovon wir meinen, dass es uns zusteht. Wir sagen „mein" Teddybär, „mein" Handy, „mein" Auto! ... Mit den Jahren lernen wir vielleicht weniger oft „mein" und öfter „dein" zu sagen und Briefe nicht mit „ich" zu beginnen. Um mehr und mehr Ich-frei (nicht Ich-los) zu werden, versuchen wir es vielleicht auch mit Meditation. Aber selbst diese kann, wenn wir sie nicht richtig und vor allem nicht in lauterer Absicht vollziehen, das „Mein-sagen" verstärken: „Meine" Matte, „mein" Kissen, „meine" Erleuchtung.

Der Hirseverkäufer kommt durch die Umstände des konkreten Lebens von seiner Ich-Zentriertheit weg. Er kommt auch weg vom Wunsch, ein meditativer, gesammelter, besonderer Mensch zu sein, kurz: ein „Eremit“ zu sein. Diesen Wunsch hatte er vor langer Zeit. Er wollte ins Kloster oder in eine Einsiedelei, um für sich zu sein und Stille zu genießen. Aber dann wurde er von der Liebe „befallen“. Er empfand die Liebe als störend, denn er wusste noch nicht, dass ein spirituell geprägtes Leben nicht zölibatären, kontemplativen Menschen vorbehalten ist. Er hatte wohl auch noch nie vom Archetypus *„Mönch“* gehört, vom *neuen Mönch,* wie ihn Raimon Panikkar meisterlich beschrieben hat:

„Der neue Mönch: Dazu gehört die heutige Generation junger Frauen und Männer, die in die bestehenden monastischen Institutionen eintreten und dabei, ohne es eigentlich zu wollen und zu wissen, ihre weltoffene Geisteshaltung mitbringen. Aber auch diejenigen gehören dazu, die nicht einmal im Traum daran denken, sich bestehenden monastischen Institutionen anzuschließen, aber dennoch ein Leben zu führen versuchen, das sehr wohl monastisch genannt werden kann. Neue Bewegungen, neue religiöse Lebensformen sind durch solche Menschen entstanden, alte Entwürfe neu belebt worden. Allgemein lässt sich sagen, dass der neue Mönch in seiner Anonymität für die Bestrebung vieler heutiger Menschen steht, junger und alter zumal. Der neue Mönch ist ein Ideal, eine Sehnsucht, die Kopf und Herz der gegenwärtigen Generation erfüllen. Ich selber habe diesen neuen Mönch unter den Armen ebenso gefunden wie unter den Reichen, im Osten wie im Westen, unter sogenannten Gläubigen wie unter sogenannten Ungläubigen. Ich habe ebenso viele Frauen wie Männer getroffen, in weltlichen Institutionen nicht weniger als in religiösen. Der neue Mönch ist sich seiner selbst nicht immer bewusst. Die Schüler wissen oft nicht, dass sie dem Meister folgen. Sie leben in den Slums, auf Marktplätzen und Straßen, aber auch in Bergen und Tälern. Man trifft sie in den Gängen, Versammlungsräumen und Treffpunkten der modernen Gesellschaft nicht seltener als in den alten Klöstern und Gemeinschaften. Ihr Name ist Legion und ihr Vorname: Unzufriedenheit mit dem Status quo. Die Ursprünge des neuen Mönchs bleiben geheimnisvoll wie die Quellen des Wassers: Von allen Hängen rinnt es herab, denn es hat geregnet, schwer geregnet überall auf der Erde, und immer noch hängen die Wolken am Himmel."[37]

Mit der Zeit entdeckt unser Hirseverkäufer den „Mönch in sich" und lernt auch mitten im Betrieb gesammelt und still zu sein. Er erfährt, dass auch das Leben in der Welt, in Familie und Beruf ein Lehrmeister ist und uns wegzuführen vermag von dem Gebilde, das wir „Ego" nennen. Ob er je wieder zurückkehrt ins „private" Leben? Er bezweifelt es. Das individuelle, besser: individualistische Bewusstsein ist weg und er gibt es auf, krampfhaft etwas Freiheit für sich herauszuschinden. Damit wird er

---

[37] Raimon Panikkar, Den Mönch in sich entdecken, München, 2. Aufl. 1990, S. 47f.

frei von unnötigem Druck, und er erreicht einen Zustand tiefer Sammlung, ähnlich dem Samadhi im Zen. Er ist ganz bei der Arbeit, bei den Menschen, denen er geschickt seine Hirse anpreist. Seine „Unternehmensphilosophie“ hat er gefunden (Tokuzan nennt ihn einen „großartigen Philosophen“!). Alles geht ihm leicht von der Hand, er ist eins mit dem Geschehen, im Flow, wie wir heute sagen.

„Und jetzt lebe ich allein im Schoß meiner Familie und im Lärm des Marktes.“ Dieser Satz drückt in seiner widersprüchlichen Weise präzise aus, was wir mit „Stille sein“ als fünfte Stufe des Weges meinen: Der Hirseverkäufer ist allein, abgeschieden, ganz bei sich und trotzdem oder vielmehr: gerade deshalb ganz bei den Menschen – so sehr, dass es in „ganz China niemand“ außer ihm gibt. Ist das nicht Größenwahn? *Ja*, wenn diese Äußerung einem aufgeblasenen Ego entspringen würde; *nein* und nochmals *nein*, wenn sie Ausdruck tiefer Seinserfahrung ist: Nichts und niemand ist außer ihm – alles und alle sind in ihm.

Wer einen spirituellen Weg geht und etwa Zen praktiziert, weiß, wie schwer es ist, das egozentrische Ich hinter sich zu lassen und ganz eins mit allem und allen zu werden. Dann sagen wir vielleicht: Los, stürzen wir uns wie der „Eremit“ voll ins aktive Leben – ganz im Sinne des Prologs in Goethes Faust:

> Greift nur hinein ins volle Menschenleben!
> Ein jeder lebt's, nicht vielen ist's bekannt,
> Und wo ihr's packt, da ist's interessant.

Aber ganz so einfach ist das auch nicht. Unser „Eremit“ ist eine Ausnahmeerscheinung. Seine Geschichte macht aber exemplarisch deutlich: Der Ort der Bewährung ist der Alltag, und es ist möglich, auch in der Aktion gesammelt und still zu sein. Vorausgesetzt wird freilich eine Prise Humor und eine gewisse Leichtigkeit, ohne die nichts gelingt. Es ist wie beim Tanz.

Wir sind, das dürfte bisher deutlich geworden sein, in zwei Welten beheimatet. In der sichtbaren Welt mit den kleinen und großen Sorgen, Freuden und Problemen *und* in der unsichtbaren Welt. Wir können im Blick auf unser Thema auch sagen: in der Welt der Betriebsamkeit *und* in der Welt der Stille. Der Sinn eines spirituellen Weges ist es, beide Welten als *eine* zu erfahren und weder im Betrieb unterzugehen noch im Nirvana aufzugehen. Unsere Berufung ist es, um ein Wort des buddhistischen Gelehrten Shizuteru Ueda abzuwandeln, auf der viel befahrenen und begangenen Weltstraße und zugleich in der Stille zu wohnen.[38] Es gilt, anders gesagt, mit einem Bein in der Ewigkeit und mit dem anderen in der Zeit zu stehen und zu erfahren, was Angelus Silesius so ausgedrückt hat:

> Zeit ist wie Ewigkeit
> und Ewigkeit wie Zeit,
> so du nur selber nicht
> machst einen Unterscheid.

Diese Verse laden zum Tanz ein. Es ist ein Tanz, der sich mit Leichtigkeit auf der hauchdünnen Scheideli-

[38] Shizuteru Ueda, Das Nichts und das Selbst im buddhistischen Denken. Zum west-östlichen Vergleich des Selbstverständnisses des Menschen, im Jahrbuch der schweiz. philos. Gesellschaft, Bd. 34, 1974, S. 57.

nie zwischen innen und außen, zwischen Zeit und Ewigkeit, zwischen Stille und Geschäftigkeit bewegt. Es ist der Tanz des Lebens, wie ihn die begnadete französische Mystikerin und Aktivistin Madeleine Delbrêl (1904–1964) besungen hat:

> …
>
> Die ernsthaften Leute sind schlafen gegangen.
> Die Mönche beten in Matutin vom heiligen König Heinrich.
> Ich aber denke
> An den anderen König,
> An König David, der vor der Bundeslade tanzte.
>
> Denn wenn es auch viele heiligmäßige Leute gibt, die nicht gern getanzt haben,
> So gibt es doch auch Heilige, denen der Tanz ein Bedürfnis war,
> So glücklich waren sie zu leben:
> Die heilige Teresa mit ihren Kastagnetten,
> Johannes vom Kreuz mit dem Jesuskind auf dem Arm,
> Und Franziskus vor dem Papst.
>
> …
>
> Eines Tages, als du ein wenig Lust auf etwas anderes hattest,
> Hast du den heiligen Franz erfunden
> Und aus ihm einen Gaukler gemacht.
> An uns ist es, uns von dir erfinden zu lassen,
> Um fröhliche Leute zu sein, die ihr Leben mit dir tanzen.

Um gut tanzen zu können – mit dir oder auch sonst,
Braucht man nicht zu wissen, wohin der Tanz führt.
Man muss ihm nur folgen,
Darauf gestimmt sein,
Schwerelos sein,
Und vor allem: man darf sich nicht versteifen.
Man soll dir keine Erklärungen abverlangen,
Über die Schritte, die du zu tun beliebst,
Sondern ganz mit dir eins sein – und lebendig pulsierend
Einschwingen in den Takt des Orchesters, den du auf uns überträgst.
Man darf nicht um jeden Preis vorwärtskommen wollen.
Manchmal muss man sich drehen oder seitwärts gehen.
Und man muss auch innehalten können
Oder gleiten, anstatt zu marschieren.
Und das alles wären ganz sinnlose Schritte,
Wenn die Musik nicht eine Harmonie daraus machte.

…

Herr, komm und lade uns ein.
Wir sind bereit, dir diese Besorgung vorzutanzen,
Dieses Haushaltungsbuch, dieses Essen, das bereitet
werden muss, diese Nachtwache,
Bei der wir schläfrig sein werden.
Wir sind bereit, dir diesen Tanz der Arbeit zu tanzen,
Den der Hitze und dann wieder den der Kälte.

Wenn gewisse Melodien in Moll stehen, werden wir nicht behaupten,
Sie seien traurig;
Wenn andere uns etwas außer Atem bringen, sagen wir nicht,
Sie stießen uns die Lunge aus dem Leib.
Und wenn uns jemand anrempelt, nehmen wir es lachend hin,
Weil wir wissen, dass so was beim Tanz immer vorkommt.

…

Gib, dass wir unser Dasein leben
Nicht wie ein Schachspiel, bei dem alles berechnet ist,
Nicht wie einen Wettkampf, bei dem alles schwierig ist,
Nicht wie einen Lehrsatz, bei dem wir uns den Kopf
zerbrechen,
Sondern wie ein Fest ohne Ende, bei dem man dir immer wieder begegnet,
Wie einen Ball,
Wie einen Tanz,
In den Armen deiner Gnade,
Zu der Musik allumfassender Liebe.
Herr, komm und lade uns ein.[39]

Den Weg unseres Lebens sollten wir nicht im Marschschritt absolvieren. Wir können ihn vielmehr in der Balance zwischen innen und außen, Kontemplation und Aktion, Bewegung und Stille achtsam gehen.

---

[39] Das Gedicht von Madeleine Delbrêl findet sich in: Madeleine Delbrêl, Gott einen Ort sichern. Texte, Gedichte, Gebete, hg. von Annette Schleinzer, Ostfildern 2002, S. 71 ff.

II.
Ein Gang durch die Wüste

„Nun ist die Sahara in uns,
und da erst zeigt sie sich.
Ihr nahe kommen, das bedeutet nicht,
eine Oase besuchen.
Vielmehr bedeutet es, an einen Brunnen
tief und inbrünstig zu glauben."
(Antoine de Saint-Exupéry)

Fünf Stufen haben wir auf dem Weg der Stille ausgemacht und mehr oder weniger ausführlich beschrieben. Diese Stufen lassen sich, es sei wiederholt, unterscheiden, nicht trennen. Die Unterscheidung mag für Sie eine Hilfe sein, Ihren eigenen Weg besser zu verstehen und zu gehen. Diesem Anliegen dient auch der Bericht meiner Erfahrung auf dem Weg durch die Wüste. Dabei entsprechen die fünf kurzen Kapitel dieses Berichtes ziemlich genau den fünf Stufen des Weges: *Stille suchen* und *Erwartung; Stille ertragen* und *Geduld; Stille genießen* und *Gegenwart; Stille lassen* und *Vom Winde verweht; Stille sein* und *Wüstenprinz.*

1. Erwartung

Der Berg und die Wüste waren von jeher bevorzugte Orte spiritueller Erfahrung. Wenn von Bergen die Rede ist, kann ich mitreden und beurteilen, ob die gemachten Aussagen sich mit der Realität decken und die angestellten Vergleiche stimmen. Anders bei der Wüste. Ich kannte sie bisher, wenn man von einem Aufstieg auf den Mosesberg im Sinai und einem Gang durch die Wüste Juda zum Kloster Mar Saba absieht, nicht aus eigener Erfahrung, sondern nur vom Hörensagen. So hoffte ich schon lange, den Schauplatz Wüste näher kennen zu lernen und sozusagen die Probe aufs Exempel zu machen: Ich wollte wissen, wie weit und warum „Wüste" ein Symbol ist für das Leben (und Sterben) im Allgemeinen und den spirituellen Weg im Besonderen. Von Wüstenerfahrungen hören ist eine Sache; Wüste erfahren eine andere – eine ganz andere Sache, wie sich zeigen wird, und wie ich im Tagebuch festgehalten habe:

Anfang Januar: Zürich
Ein guter Freund mit Wüstenerfahrung hat mich und einige andere Freunde zu einem Kameltrekking in die Sahara eingeladen. Der Informationsbrief zum Unternehmen – oder soll ich sagen: Abenteuer – beginnt mit einem arabischen Sprichwort: „Der Weg zur Macht führt durch die Paläste. Der Weg zum Reichtum durch die Basare. Der Weg zur Weisheit

aber führt durch die Wüste." Das klingt viel versprechend. Um mich des Versprechens würdig zu erweisen, stelle ich mich auf die Zeit in der Wüste ein.
In dem alternativen Reisebegleiter *„Marokko verstehen"*[1] finde ich, sage und schreibe, eine Liste von „Touristentugenden", eine Art Ethik-Code für Reisende in fremden Ländern. Folgende Sätze habe ich mir herausgeschrieben, um sie mir zu merken und sie zu beherzigen:

- „Gewöhnen Sie sich daran, zuzuhören und zu beobachten, anstatt nur zu hören und zu sehen."
- „Legen Sie die Gewohnheit ab, auf alles eine Antwort parat zu haben. Seien Sie derjenige, der eine Antwort haben möchte."
- „Reservieren Sie sich täglich etwas Zeit, um Ihre Erlebnisse zu verdauen, und versuchen Sie dadurch, Ihr Verständnis zu vertiefen."

Die Erlebnisse verdauen! Ich kenne und schätze einen Autor, der wie kaum jemand sonst seine zahlreichen Wüstenerfahrungen reflektiert, verdaut und niedergeschrieben hat: Gisbert Greshake[2]. Ist sein älteres Büchlein *Die Wüste bestehen* eine Liebeserklärung an die Wüste, so bietet das neuere Buch *Spiritualität der Wüste* eine Summe der vielschichtigen Erfahrungen, die gläubige und nichtgläubige Menschen im Laufe der Geschichte mit der Wüste ge-

---

[1] Sympathie Magazin, Nr. 14, www.studienkreis.org

[2] Gisbert Greshake, Die Wüste bestehen, Freiburg 1979; Spiritualität der Wüste, Wien 2000.

macht haben. Ich werde die beiden Bücher nach meiner Rückkehr aus der Wüste lesen. Vorläufig bin ich ganz damit beschäftigt, mit der Nervosität, die sich bemerkbar macht, fertig zu werden. Ich lese von tiefen nächtlichen Temperaturen und packe warme Unterwäsche ein. Die äußere Vorbereitung lenkt von der steigenden Aufregung ab. Oder ist es Vorfreude? Man weiß das nie so genau.

9. Januar: Marrakesch

Seit gestern und noch bis morgen sind wir in Marrakesch. Es stimmt, was man von der Stadt sagt. Sie hat vier Farben: Ocker sind die Häuser, grün die Palmen, weiß die schneebedeckten Berge des Atlas, blau der Himmel. Wir trinken einen stark gesüßten Pfefferminztee am Rande des Jemaa el-Fna, wohl des originellsten Platzes Nordafrikas. Jetzt, bei Sonnenuntergang, versammeln sich hier Menschen, die Schlangen beschwören, wahrsagen, Zähne ausreißen und Garküchen aufstellen. 2001 hat die UNESCO den Platz zum verbalen und immateriellen „Kulturgut der Menschheit" erklärt.

Eine Idee kommt mir: Könnte man nicht die Wüste oder bestimmte Teile davon – wäre sie von Menschenhand geschaffen – ein „nonverbales Kulturgut" nennen?

In der Mittagspause habe ich im Büchlein von Elias Canetti *Die Stimmen von Marrakesch* gelesen. Eine ausgezeichnete Hilfe, die Stadt zu sehen und wahrzunehmen! Was Canetti vom Ruf der blinden Bettlerinnen und Bettler sagt, trifft exakt zu. Der Ruf ist bei den einen kürzer, bei den andern länger, aber immer ist er gleich und immer enthält er das dreifache „Allah! Allah! Allah!" Canetti hält fest: „Ich habe begriffen, was diese blinden Bettler wirklich sind: die Heiligen der Wiederholung."[3]

Einen Tag später: Zagora

Wir haben den Atlas in der Höhe eines Schweizer Alpenpasses überquert. Die Berge, schneebedeckte Kuppen tragend, fallen schroff ab. Die Hänge weiter unten sind mit frischem Gras bewachsen, die Täler mit Palmen bestanden, dazwischen sind terrassenförmige Anlagen für Getreide angelegt. In jähem Kontrast zu dieser Fülle muss, so stelle ich mir vor, die Wüste stehen. Ich bin gespannt darauf und so frage ich noch vor Beginn des Abendessens Mohammed, den Leiter unserer Tour, nach dem Programm des morgigen Tages. Das Programm gebe er am Ende des Abendessens bekannt, sagt er. Und dann gibt er mir eine Lektion: „Ich will Ihnen etwas sagen, das Sie beherzigen mögen. Haben Sie Geduld und alles wird zu Ihnen kommen, Ihnen entgegenkommen." Ich verstehe die Botschaft und will mich in Geduld üben.

[3] Elias Canetti, Die Stimmen von Marrakesch. Aufzeichnungen nach einer Reise, Frankfurt am Main, 25. Aufl. 2003, S. 21.

2. Geduld

Das arabische Wort für Geduld, „Asabre", hat Mohammed am fünften Wüstentag für mich in den Sand einer Düne geschrieben. Genau in dem Moment, da ich es nicht mehr nötig hatte, zur Geduld ermutigt zu werden. Doch ich will der Reihe nach berichten.

13. Januar – In der Steinwüste
Es ist mühsam, neben den Schuhen zu stehen und doch gehen zu müssen. Wie ich es auch anstelle, es gibt immer etwas, das mir nicht passt. Reite ich auf dem Dromedar, schmerzt mein Gesäß und ich möchte laufen; laufe ich dann, verlangt es mich wieder nach dem Dromedarrücken. Das Kopftuch sitzt zu eng; wenn ich es aber lockere, rutscht es vom Kopf oder verdeckt mir die Augen. Schlafe ich im Schlafsack oder versuche ich, darin zu schlafen, fehlt es mir an Bewegungsfreiheit; schlafe ich ohne, friere ich, und es zieht mich ins Zelt. Liege ich dann im Zelt, vermisse ich die Sterne über mir. So komme ich auch in der Nacht nicht zur Ruhe. Und am Tag ist Eingewöhnen angesagt: Die Siebensachen zusammenhalten, einpacken, auspacken, sich an den Rhythmus des Tages gewöhnen ... Von der vielgerühmten Stille der Wüste keine Spur!

Dabei hatte alles so gut begonnen. Beim Aufstieg zum Pass Djebel Bani genoss ich die einmalige Aussicht und bewunderte die Dromedare. Sie stiegen angefeuert allein durch Zurufe, beinahe elegant den steinigen, schmalen Pfad hoch. Ihr Gang wird abgefedert durch ein Fettpolster in den Füßen. Dann die wohlgemute Wanderung auf dem Hochplateau, von einem erfrischenden Wind umschmeichelt. Und am Abend die „Taufe". Mohammed gab uns Wüstennamen. Gerhard, er bekam den Namen schon früher, ist Ali Baba, der Bärtige; Pia heißt jetzt Saïda, die Glückliche und Anna Laila, die Nacht. Ich bekomme den Namen Baahmed, was so viel heißt wie: Würdiger Vater.

Kaum komme ich dazu, mich über den schönen Namen zu freuen, da erhalte ich eine weitere, gut gemeinte Lektion. Mohammed, unser Führer, Houssin, der für die Dromedare zuständig ist und der andere Mohammed, der für uns kocht, trommeln und singen Lieder. Es sind kraftvolle, aber wehmütig stimmende Lieder, deren Refrain wir mitsingen. Ich bin in Gedanken woanders, genauer gesagt bei der Frage, wie ich die „Wüste" nach meiner Rückkehr in die Schweiz in mein Buch über die Stille einbauen könnte. Und so singe ich nicht mit. Mohammed merkt es, und prompt folgt ein Verweis, oder das, was ich als Verweis empfinde. Es gebe ein arabisches Sprichwort, das sage, man könne nicht in der Vergangenheit oder Zukunft, sondern nur in der Gegenwart leben. Ich erwidere kleinlaut, das wisse ich auch und ich würde es auch andern sagen, wie wichtig es sei, in der Gegenwart zu leben.

Aber ich lebe noch nicht in der Gegenwart, sondern mache mir Gedanken um den morgigen Tag.

14. Januar: Immer noch in der Steinwüste

Beim Laufen heute kamen mir kaum mehr Gedanken. Es ist ein Zen-ähnliches Gehen: Schritt um Schritt, Atemzug um Atemzug, buchstäblich ein Leer-laufen (kein Leerlauf!). Diese Monotonie und der gleichbleibende Ablauf der Tage tun gut: Aufbrechen nach Sonnenaufgang, nach zwei Stunden eine Orangenpause, Unterbrechung mit Essen und Siesta am Mittag. Nach zwei Stunden Fußmarsch am Nachmittag wieder eine Pause, diesmal mit zwei Mandarinen. Schließlich Ankunft vor Sonnenuntergang und sich bereit machen für die Nacht. Langsam komme ich an.

15. Januar: In den Dünen

Jetzt bin ich angekommen. Am Vormittag bin ich mit Mohammed allein durch die Dünen gewandert. Die Dromedare und meine anderen Freunde machten einen Umweg, um an einem Brunnen Wasser zu holen. Mohammed und ich reden wenig. Meist geht er voraus. Nun wartet er auf mich und zeigt auf arabische Zeichen, die er schwungvoll in den Sand gesetzt hat: *Asabre.* Die Dünen erinnern mit ihren feinen, vom Wind geschaffenen Mustern an Schneeverwehungen und laden geradezu ein, darauf zu schreiben. Er erläutert mir das Geschriebene. Asabre bedeute „Geduld". Dann setzt er noch meinen Namen dazu: *Baahmed-Asabre.* Ich lache und sage ihm, er könne „Asabre" ruhig löschen, ich sei jetzt angekommen und fange an, das zu leben, was er mit Gegenwart gemeint habe. Er versteht sofort, und ohne zu zögern schreibt er *Hader* in den Sand, das Wort für „Gegenwart".

3. Gegenwart

16. Januar: Schweige-Tag

Ein „Wüsten-Tag" in der Wüste! Wir haben uns vorgenommen, vom Sonnenaufgang bis zum Sonnenuntergang das Schweigen zu pflegen. Vor dem Aufbruch schlage ich meine Bibel im Taschenbuchformat auf und stoße auf Psalm 106: Halleluja! Danket dem Herrn, denn er ist gütig. Ich wiederhole: Hal–le–lu–ja im Rhythmus der Schritte und des Atems. Stundenlang. Dann kommt mir das Gedicht von Andreas Gryphius in den Sinn:

Mein sind die Jahre nicht,
die mir die Zeit genommen;

mein sind die Jahre nicht,
die etwa möchten kommen;

der Augenblick ist mein,
und nehm' ich den in acht,

so ist der mein, der Jahr
und Ewigkeit gemacht.

Ich variiere das Gedicht. Statt „Jahre" setze ich „Tage" ein, später „Stunden": Mein sind die Stunden nicht, nicht einmal die Minuten. Der Augenblick ist mein. Es ist ein erfüllter Augenblick, und ich fange an, die Stille zu genießen. Hetze, Getue und Gerede sind laut; Präsenz und Gegenwärtigsein sind leise. Wie wohl tut die Stille, die innere und die äußere. Nur der Wind ist zu hören, das Knirschen der eigenen Schritte und das gleichmäßig mahlende, fast einschläfernde Geräusch der Dromedar-Tritte.

Stille sein und gegenwärtig heißt nicht, Vergangenes und Kommendes auszuklammern. Alles, was war und was kommen mag, ist da, ist im „Hader", im erfüllten Augenblick aufgehoben und geborgen. Im Roman von Paul Bowles *Himmel über der Wüste* kreuzte ich mir gestern die Sätze an: „Und es kam ihm der Gedanke, dass ein Gang durch eine Landschaft eine Art Gegenstück zu einem Gang durch das Leben selber war. Man nahm sich nie die Zeit, Einzelheiten zu genießen; man sagte: ein anderes Mal, aber immer mit dem heimlichen Wissen, dass jeder Tag einmalig und endgültig war, und dass es niemals ein Zurück, ein anderes Mal, geben würde."[4]

Anders als der Held des Romans nehme ich mir heute Zeit, Einzelheiten zu genießen. Ich entdecke feine, mit ziemlich großem Abstand parallel verlaufende Spuren im Sand, immer und immer wieder, und endlich einen Käfer, der zur Spur passt. Um nicht vom Winde weggefegt zu werden, läuft er ganz breitspurig, wie ein Pistenfahrzeug im Gebirge. Und dann die Vegetation! Jedes Lebewesen ein Überlebenskünstler. Im vergangenen Oktober hat es seit

---

[4] Paul Bowles, Himmel über der Wüste, München 2000, S. 142.

sechs Jahren wieder geregnet, und zwar reichlich. Jetzt lebt die Wüste.

Vorhin, beim Sonnenuntergang, sind wir auf eine höhere Düne gestiegen. Unwillkürlich fällt mir – einmal mehr in diesen Tagen – der *Kleine Prinz* ein und sein „Ich möchte einen Sonnenuntergang sehen." Mir ist, als gehe die Sonne genau an der Stelle unter, an welcher der kleine Prinz auf der Erde erschienen und wieder verschwunden ist!

4. Vom Winde verweht

18. Januar: Mhamid

Ein letztes Mal brechen wir auf. Jede Spur wird ausgelöscht, jedes Papierchen im gelben Abfallsack verstaut und auf ein Dromedar verladen. Der Wind aus dem Westen weht und verweht buchstäblich die Spuren auf den Dünen, die so sehr den Spuren im Schnee gleichen. Beim Laufen erinnere ich mich an ein Gespräch mit Mohammed gestern Abend. Ich sagte ihm, dass ich in meinem Buch über die Stille auch ein Kapitel zum Thema „Stille lassen" vorgesehen hätte. Mohammed schwieg eine Weile und sagte dann, es sei wie mit dem Wind, er verwische alle Spuren. Und dann zitierte er zu meiner Überraschung Krishnamurti: „Der Wind der Wüste verwischt die Spur des Wanderers; nur die Gegenwart bleibt." Mohammed brauchte das Wort „balayer", und so geht mir auf dem weiteren Weg das berühmte Lied von Edith Piaf nicht mehr aus dem Sinn. Einem Ohrwurm gleich begleitet mich das „rien – rien ne rien" und das „c'est payé – balayé – oublié" für den Rest des Tages.

Nun sind wir in Mhamid am Rande der Wüste angekommen. Mit der Dusche wasche ich nicht nur den Staub der Wüste ab, sondern auch die Erinnerungen an sie. Und doch ist alles da: Wind, Sand und Sterne, das Grün zwischen den Dünen und die Käferspur im Sand (die der Wind schon längst verweht hat). Alles ist da, aber nichts bindet mich. Ich bin gelöst, offen und bereit für das, was kommen mag.

Später, wieder daheim, stoße ich in Gisbert Greshakes Buch *Spiritualität der Wüste* auf einen Text von Andreas Knapp[5], der das „Vom Winde verweht" treffend zusammenfasst:

> Wie schnell hat der Wind meine Spuren verweht.
> So tief ich auch in den Sand sinke,
> so schnell schließt der Wind
> die Wunden der Dünen wieder.
> Als wäre nichts gewesen.
> Als hätte nie ein Mensch diese Landschaft betreten.
> Was bleibt zurück, wenn wir gegangen sind?
> Welchen Ein-Druck hinterlassen wir?
> Der Wind reißt unsere Worte weg
> und weht sie mit dem Sand in die Weite.
> Es bleibt die Stummheit der Landschaft
> Und die unendliche Sehnsucht,
> auch ohne Spuren heimzufinden.

Als wäre nichts gewesen! Aber da war doch der Ruhetag am 17. Januar. Von diesem Tag soll im Folgenden noch kurz die Rede sein. Es war, genauer gesagt, kein Ruhe-, sondern ein intensiver Arbeitstag. Wir hatten kurzfristig um diese Unterbrechung gebeten, um uns in Ruhe über eine Vision, die uns seit längerer Zeit beschäftigt, auszutauschen. Am Abend in-

---

[5] a.a.O., S. 182.

formierten wir dann Mohammed, der an unserer etwas ungewohnten Gruppe von Tag zu Tag mehr Gefallen fand, über die Ergebnisse unseres Gesprächs. Wir staunten über das Verständnis, das er unserem UNO-Jerusalem-Projekt[6] entgegenbrachte. Worum geht es?

Es geht um eine Idee, die beinahe so alt ist wie die UNO selbst. Bereits Ende der Vierzigerjahre wurde Jerusalem in mehreren Resolutionen ein besonderer Status unter der Leitung der UNO zugedacht. Diese Tatsache und Gespräche, die wir seit fünf Jahren mit Vertreterinnen und Vertretern beider Parteien in New York und in Jerusalem (sowie neuerdings mit den Autoren der Roadmap) führen, ließen in uns die Idee von Jerusalem als einer UNO-Stadt zum Erlernen des Friedens reifen. Folgende Überzeugung liegt dieser Idee zugrunde:

Festgefahrene Konflikte haben dann eine Chance, gelöst zu werden, wenn von außen neue Perspektiven eingeführt werden. Perspektiven, die allen Beteiligten Möglichkeiten zu neuer Identitätsbildung, zu wirtschaftlichem Fortschritt und vor allem zur Anerkennung innerhalb der Völkerfamilie eröffnen. Jerusalem als die von der UNO deklarierte Stadt, in der der Weltfriede eingeübt wird, ist eine solche Perspektive.

Unsere Aufgabe sehen wir vor allem darin, zusammen mit verwandten Organisationen und Grup-

---

[6] mehr zum Projekt: www.lassalle-institut.org; info@lassalle-institut.org (Dr. Anna Gamma)

pierungen durch eine so genannte „spirituelle Feldbildung“ den Boden für eine solche Perspektive vorzubereiten. Spirituelle Feldbildung beruht auf der durch moderne Physik und mystische Erfahrung erhärteten Tatsache, dass sich alles, was wir denken, sagen und tun, auf die Welt auswirkt, und zwar nicht nur auf die gegenwärtige, sondern auch auf die zukünftige. Die spirituelle Feldbildung im Dienste des UNO-Jerusalem-Projektes bezieht ihre Kraft vor allem aus den prophetischen Texten zu Jerusalem als der Stadt des Friedens für alle Völker und einem Ritual, das wir für dieses Projekt geschaffen haben. Dieses Ritual wird bereits in verschiedenen Gruppen in der Schweiz und darüber hinaus verwendet. Es wird in liturgischen Feiern ebenso gebraucht wie bei Bildungsanlässen; bei Friedensfesten wie in interreligiösen Gottesdiensten.

Vom Winde verweht! Gerade weil wir die Wüstenerfahrung losgelassen haben, sind wir bereit, auch ohne Spuren nach Wegen zu einer friedlicheren Lösung des Konfliktes im Nahen Osten zu suchen. Möge Jerusalem eine Stadt des Friedens werden!

5. Wüstenprinz

Die letzten Zeilen meines Berichtes über den Gang durch die Wüste widme ich unserem Tourenführer Mohammed. Er hat uns bei allem Respekt und voller Würde manche Lektion erteilt. Gegen Ende der Tour fragte ich ihn, ob ich ihn in meinem Buch über die Stille „Prinz der Wüste" nennen dürfe. Er lachte und meinte: „König" wäre zu viel, „Prinz" sei aber okay. Er kenne die Wüste und finde den Weg auch im Sandsturm, wo man kaum die Hand vor dem Gesicht sehen könne. Die Orientierung habe er im Blut. Er sei Autodidakt. Die Wüste und einige Bücher hätten ihn alles gelehrt, was er brauche. Das Leben selbst sei die beste Schule. Wir könnten voneinander lernen, gerade, wenn wir geteilter Meinung seien. Auch von einem Kind könne man lernen. Man solle nie sagen, Kinder verstünden nichts.

Einmal fragte ich ihn, warum er bei jeder Gelegenheit das Wort „Allah" in den Mund nehme. Dabei muss man wissen, dass der Ausdruck Jncha' allah – so Gott will – eine sehr gebräuchliche Redewendung ist. Nicht nur unsere Begleiter, auch wir sagten von Tag zu Tag öfter „Jnch'allah". Der Ausdruck bedeutet ziemlich genau das, was im vierten Kapitel des Jakobusbriefes zu lesen ist: „Ihr aber, die ihr sagt: Heute oder morgen werden wir in diese oder jene Stadt reisen, dort werden wir ein Jahr bleiben, Handel treiben und Gewinne machen –, ihr wisst doch nicht, was morgen mit eurem Leben sein wird."

Ich fragte also Mohammed, was für ihn Jncha'allah bedeute. „Ach, das ist so eine Redeweise", sagte er. Da ich insistierte, antwortete er: „Ich bin kein praktizierender Muslim. Aber mit Allah rechne ich in allem." Das war spürbar, und es zeigte sich auch in der folgenden Begebenheit:

Beeindruckt vom reibungslosen Ablauf der Arbeiten, sagte ich am zweiten Tag zu Mohammed, er sei ein guter Chef. Mohammed zeigte zum Himmel und meinte, in der Wüste sei Allah der erste Chef, der zweite Chef sei die Arbeit. Jeder habe seine Aufgabe, und wenn einer fertig sei mit seiner Arbeit, helfe er den andern. Mohammed, unser Wüstenprinz, ist ein Beispiel für diese „Arbeitsteilung". Er hilft überall, wo Not am Mann ist. Im Übrigen pflegt er sozusagen die „Übersicht".

Unser Wüstenprinz verstand zu erzählen, wie nur Menschen zu erzählen verstehen, die viel schweigen und genau beobachten. Wir mussten uns die Bäuche halten vor Lachen, wenn er die Geschichte von der Kuh, die dem Bauern telefonierte, erzählte. Ich vermag die Geschichte nur in Stichworten wiederzugeben: Mohammed war zu Besuch in der Schweiz. Gute Freunde zeigten ihm unter anderem einen modern eingerichteten Bauernhof. Dort werden die Kühe nicht nur maschinell gemolken, sondern sogar mit Robotern. Elektrische Stromstöße dirigieren die Kuh auf einen bestimmten Platz, wo ein Roboter ihr die Melkmaschine verpasst. Macht er dabei einen Fehler und erwischt er das Euter auch beim dritten Mal nicht korrekt, erhält der Bauer einen Anruf, und dieser muss vom Frühstück weg und nach dem Rechten sehen. Mit oder ohne Roboter fänden die Menschen kaum Zeit, richtig zu essen. Und überhaupt: In der Schweiz könnte er weder auf einem Bauernhof noch in der Stadt leben. „On se perde", sagte er wörtlich: Man verliert sich. – Trotzdem haben wir Mohammed eingeladen, beim nächsten Peace-Camp des St. Katharina-Werkes in der Schweiz teilzunehmen. Dort wird er vor Palästinensern und Israelis einem offenen, toleranten Islam das Wort reden.

Mohammed hat sich in der Wüste gefunden. Für uns war sie Quelle der Inspiration und Neuorientierung. Man muss aber nicht in die Wüste gehen, um der Stille auf die Spur zu kommen. Die fünf Phasen des Weges (Stille suchen, Stille ertragen, Stille genießen, Stille lassen, Stille sein) können wir nämlich nicht nur auf den Gang durch die Wüste anwenden, sondern auch auf andere Übungsprozesse wie Fastenwochen, Ignatianische Exerzitien oder Zen-Kurse. Teilnehmerinnen und Teilnehmer an Kursen bestätigen mir dies immer wieder. Sie freuen sich auf die stillen Tage, möchten aber dann davonlaufen, bevor sie schließlich die Stille zu genießen beginnen und von Mal zu Mal lernen, am Ende der Woche die Stille im Interesse ihrer Aufgabe im Alltag wieder zu lassen. Eine Frau drückte es so aus: „Wenn ich gesammelt bin, muss ich lernen draußen zu sein und umgekehrt: Wenn ich draußen bin, muss ich lernen gesammelt zu sein." Das zeugt von einer hohen Kultur der Stille.

III.
Plädoyer für eine Kultur der Stille

„Wenn ich Arzt wäre und man mich fragte:
Was rätst du? –
Ich würde antworten: Schaffe Stille“
(Sören Kierkegaard)

Es ist nicht zu überhören: Der Lärm ist groß und er wird, bedingt unter anderem durch die wachsende Mobilität, noch größer. Einem Teppich gleich breitet er sich über die Siedlungsgebiete aus, belastet Mensch und Tier und gefährdet ihre Gesundheit. Körper und Seele reagieren auf den Stress durch zu viel Lärm: Erhöhter Blutdruck, Herzinfarkt, Magengeschwüre, Schlafstörungen und Depressionen sind nur einige der möglichen Folgen. Technische Maßnahmen wie Lärmschutzwände und Flüsterbeläge hinken um Jahre hinter den Vorgaben der Lärmschutzverordnungen her. Es ist zu einem Politikum, zu einer gesellschaftlichen Aufgabe geworden, nicht nur entschieden und nachhaltig gegen Luft- und andere Umweltverschmutzung zu kämpfen, sondern auch gegen Lärm und für mehr Stille.

Die zögerliche und mangelnde Umsetzung der auf dem *Rio-Gipfel* gefassten Beschlüsse und des *Kyoto-Protokolls* zeugen nicht gerade von Mut und Erfindergeist. Schon eher als erfinderisch kann man die Schilder bezeichnen, welche zum Schweigen und zur Stille auffordern – wenn auch nicht grenzüberschreitend, so doch zumindest für einen überschaubaren Raum. Wir finden diese Schilder an Kirchentüren, in bestimmten Eisenbahn-Waggons oder in Krankenhäusern. Die Botschaft ist unmissverständlich, die Zeichen sprechen für sich: Ein Handy, mit einem Rotstift durchgestrichen, oder ein geschlossener Mund mit dem warnenden Zeigefinger davor, oder ein kurzes Wort mit Ausrufezeichen – Psst!

Ruhezonen und Orte der Stille entsprechen offenbar einem Bedürfnis. Bedeutet aber, so dürfen wir fragen, die Abwesenheit von Worten schon Schweigen und Stille? Ein Zaun um den Garten garantiert noch nicht gutes Gemüse. Es braucht das Pflanzen und die Pflege. So ist es auch mit der Stille. Den Lärm fernhalten und ihn womöglich vermeiden ist notwendig, genügt aber nicht. Es braucht nichts weniger als eine „Kultur der Stille". Deshalb gebe ich im Folgenden einige zusätzliche Hinweise zu deren Pflege. Dabei möchte ich nicht nur der Stille das Wort reden, sondern Sie ermutigen, ihr vermehrt Raum zu geben und achtsam mit ihr umzugehen.

1. Der Stille das Wort reden

Über Stille, Ruhe und Sammlung wird heute viel gesprochen und geschrieben. Stille (oder das Fehlen der Stille) ist zum Thema geworden, und nicht selten werde ich gebeten, mich darüber zu äußern. Das folgende Radiogespräch – es nimmt manche Aspekte dieses Buches wieder auf – wurde im Schweizer Radio nach den Mittagsinformationen als „Tagesgespräch" ausgestrahlt.

Herr Brantschen, wieviel Stille brauchen Sie pro Tag?
Mindestens eine Stunde.

Wie praktizieren Sie Stille? Was tun Sie, um zur Ruhe zu kommen?
Ich sitze. Das heißt: Ich praktiziere Zen-Meditation.

Sie sitzen einfach? Was bringt das?
„Einfach sitzen" ist gar nicht so einfach. Es braucht Entschiedenheit, sich aufrecht zu halten – gut gespannt, aber nicht verspannt. Und es braucht die Entschlossenheit, nicht umherzurutschen, sich zu kratzen oder sonstwie abzulenken, sondern einfach nur da zu sein.

Sie fragen, was das bringt. Es bringt Stille. Genauer gesagt: Wenn ich gesammelt sitze und auf den Atem achte, so erfahre ich, dass Stille im Grunde da ist. Es ist wie bei einem See: Wenn ich nicht darin wühle und keine Steine hineinwerfe, glättet er sich, und ich sehe bis auf den Grund. Stille schafft Klarheit.

Wir haben ja immer eine Fülle von Gedanken und Bildern im Kopf. Kann man diese einfach ausklinken und sagen: So, jetzt will ich nur Stille, keine Gedanken mehr, nur Ruhe. Kann man das befehlen?

Natürlich nicht! Stille kann man nicht machen, die Flut der Gedanken nicht abschalten. Denn diese kommen, wie und wann sie wollen. Was ich tun kann ist, richtig damit umgehen, nämlich die Gedanken kommen lassen – und sie wieder gehen lassen. Ich bin ja mehr als meine Gedanken und mehr als meine Gefühle. In der Stille, im Präsent-Sein kann ich erfahren, dass die Gedanken eigentlich nicht mein Letztes sind. Im Idealfall kommen sie aus einer tieferen Schicht, aber diese tiefere Schicht hat eine noch tiefere. Und dort ist Stille. Um das Bild vom See nochmals aufzunehmen: Wenn ich in eine gewisse Tiefe hinabsteige, sind die Gedanken wohl noch da, aber sie sind wie das Kräuseln des Wassers an der Oberfläche. Sie wühlen nicht alles auf.

Sie sind Jesuit. Dass Sie sich mit Stille befassen und meditieren, ist eigentlich nahe liegend. Es gibt aber immer mehr Leute, die in der Hektik und im Stress leben und sich nach Stille sehnen. Woher kommt das?

Wir Jesuiten haben in der Tat eine lange Ausbildung in Kontemplation und Meditation, aber es ist nicht so, dass man ein für alle Mal Stille hat. Stille muss man üben – ein Leben lang. Dies vorweg. Und nun zu Ihrer Frage, warum suchen heute so viele Menschen die Stille. Nun, das ist nicht erst heute so. Als ich vor dreißig Jahren anfing, Meditationskurse zu leiten, hat es geheißen, das sei eine neue Mode. Diese Mode werde wieder verschwinden. Doch der Wunsch nach Stille und Meditation ist nicht verschwunden. Offensichtlich hat der Mensch Sehnsucht nach einer umfassenden Zugehörigkeit, nach einem tiefen Verstehen des Lebens und der Wirklichkeit. Diese Sehnsucht können wir nicht stillen, ohne still zu werden.

Die Sehnsucht nach Stille ist da. Doch es gibt auch die Angst vor der Stille. Viele Menschen suchen zwar Stille, gleichzeitig aber fliehen sie davor. Die Vorstellung von Stille und Ruhe fasziniert. Wenn es aber einmal wirklich still ist, dann schalten wir schnell das Radio ein, holen etwas aus dem Kühlschrank oder suchen nach einer anderen Ablenkung. Hier braucht es einen mutigen, entschlossenen Schritt, sich in den Raum der Stille zu wagen und sich dort auszuhalten, sich der Stille zu stellen. Im Übrigen: Stille ist nicht Selbstzweck. Es geht nicht darum, um jeden Preis Ruhe zu haben. Der Weg nach innen, in die Stille und Sammlung, ist ein halber Weg.

Und was ist der ganze Weg?
Den ganzen Weg gehen heißt, auch wieder nach außen gehen. Innerlichkeit muss sich äußern. Sonst betreiben wir reine Nabelschau, kreisen um uns selbst und versuchen uns zu konservieren, bis wir irgendwann als Konservendosen ins Grab sinken.

Das ist nicht interessant, nicht einmal für die Würmer.

Meinen Sie also, dass wir still werden sollten, um dann umso lauter und bestimmter auftreten zu können?
Um Gottes willen, nein! Dieses „Um-zu-"Denken ist unbedingt zu hinterfragen. Ich benutze die Stille nicht als eine Art Trimm-dich-Methode nach dem Motto: „Werde still, dann kannst du nachher umso mehr leisten!" Richtig ist, dass ich mich dank Stille als ganzer Mensch – nicht nur in meinem oberflächlichen Können – den Aufgaben des Lebens stellen kann. Durch die Stille, durch die Besinnung, bekomme ich eine neue Sicht. Dann nehme ich plötzlich die Menschen, die Dinge nicht mehr als voneinander getrennt wahr, sondern ich erkenne unsere Vernetzung, unsere Verbundenheit in einer größeren Gemeinschaft. Dieses neue Bewusstsein, wie man so schön sagt, dieses veränderte Denken hilft mir, die anstehenden Probleme anders anzugehen und zu lösen. Wir können beispielsweise die Probleme der Armut, des Nord-Süd-Gefälles, der Umweltverschmutzung nicht lösen, und wir können mehr Gerechtigkeit und Frieden nicht schaffen mit einem Denken von gestern, das vor allem linear oder vom Entweder-oder-Schema bestimmt ist. Was wir brauchen, ist eine umfassende Sicht, welche die Voraussicht und Rücksicht miteinschließt. Statt eines Vierjahres-Horizontes (bis zu den nächsten Wahlen), brauchen wir einen Sieben-Generationen-Horizont!

Und Sie glauben wirklich, dass dies alles mit dem Rückzug in die Stille erreicht werden kann?

Ohne geht es nicht. Es gibt keine effiziente Aktion ohne Kontemplation. Das lehrt uns die Geschichte. Alle Menschen, die nachhaltig gewirkt haben, waren Menschen, die sich immer wieder Zeit genommen haben, in die Stille zu gehen.

2. Der Stille Raum geben

Bereits vor mehr als 50 Jahren hat Karlfried Graf von Dürckheim im Buch „Japan und die Kultur der Stille" festgestellt, die Menschen seien wohl noch nie so wie heute bereit gewesen, der Stille Raum zu geben – wenn sie nur wüssten, wo diesen Raum finden. Diese Bereitschaft ist freilich nicht bei allen gleich groß. So stellt Dürckheim fest:

„Der vom Leben Geprüfte ist der Stille näher als der, der noch nicht durch die Schule des Leidens gegangen. Der nach außen Gekehrte ihr ferner als der, dem der Weg nach innen geschenkt ist. Der Bauer weiß mehr um die Stille als der, den städtisches Leben verschlingt – aber der, dem das Leben die natürliche Stille versagt, ist oft auch der Sehnsucht nach Stille und so ihrer tieferen Erfahrung viel näher als der, der – noch eins mit der Natur – sie ganz selbstverständlich genießt. Aus unendlich verschiedenen Gründen sind Menschen, Zeiten und Völker der Stille erschlossener als andere. Und der Osten weiß mehr um die Stille als der Westen. Er weiß mehr um sie aus einer natürlichen Neigung sowohl wie aus einer langen Tradition, Bildung und Übung."[1]

Gilt das heute noch? Können wir angesichts eines hochindustrialisierten Japan mit viel Hast und Lärm noch von dessen „Kultur der Stille" reden? Wir kön-

---

[1] Karlfried Graf Dürckheim, Japan und die Kultur der Stille, Weilheim 1949. Zum Folgenden: S. 7ff.

nen. Denn wie immer die Situation heute in Japan ist, das Land der aufgehenden Sonne hat, in der reichen Tradition Chinas stehend, Übungen der Stille übernommen und weiterentwickelt, die ihre Gültigkeit behalten. Ich denke an die Künste, die mit Recht *Wege,* Do (von Tao) genannt werden, wie der Weg des Tees, sa-dô, der Weg der Kalligraphie, sho-dô, der Weg des Blumensteckens, ka-dô. Vor allem aber denke ich an die Praxis des Zen.

Zen-Meditation – richtig vollzogen – ist für mich, wie ich im ersten Teil dieses Buches dargelegt habe, *der* Weg der Stille, sozusagen die Direttissima.[2] Aber auch schon die Außenseite des Zen, der Rahmen und die Sitzhaltung, bieten unschätzbare Hilfen bei der Pflege der Sammlung und der Stille. So habe ich im Zen (und im Umgang mit Japanerinnen und Japanern) die bei uns weitgehend verloren gegangene Freude, zu üben und „Spielregeln" einzuhalten, wiedergefunden: Ein bestimmter Ort, eine bestimmte Zeit für die Übungen, eine bestimmte Anzahl Gongschläge zu verschiedenen Anlässen, eine bestimmte Anordnung der Sitze, das Einhalten einer bestimmten Methode mit ihren bestimmten, nicht zu überspringenden Stufen ... all das und mehr noch habe ich mit der Zeit nicht mehr als Schikane angesehen, sondern als Hilfe, um Ablenkung zu vermeiden, Komplexität zu reduzieren, kurz: um stiller und gesammelter zu werden. In der Zen-Praxis fand ich den

---

[2] Vgl. auch meine Bücher: *Der Weg des Zen,* a.a.O. und *Der Weg ist in dir,* a.a.O.

Satz von Erhart Kästner bestätigt: „Der Kopf will das Neue, das Herz will immer dasselbe."[3] Ich verstehe auch besser, was Elias Canetti meint, wenn er von dem „Heiligen der Wiederholung" spricht:[4] Jede spirituelle Übung ist einfach und wiederholbar. Einfach wie ein Atemzug und wiederholbar wie ein Atemzug, einfach wie ein Schritt beim Gehen zwischen zwei Meditationen und wiederholbar wie ein Schritt; einfach wie eine tiefe Verneigung und wiederholbar wie diese Verneigung.

Bereits der äußere Rahmen des Zen lässt sich also in den Dienst der Kultur der Stille stellen. Kaum ein Bildungshaus oder eine Alternativschule oder gar ein christliches Kloster, die für verschiedene Übungen der Frömmigkeit nicht wie selbstverständlich Matten und Kissen zur Verfügung stellen, die vor vierzig Jahren nur in einem Zen-Tempel zu finden waren. Dagegen ist nichts einzuwenden – außer dies: Man sollte nicht jede Übung, die auf dem Kissen vollzogen wird, „Zen" oder „im Stile des Zen" nennen. Wenn alles Zen ist, ist nichts mehr Zen.

Es muss nicht Zen oder Kontemplation sein. Es gibt andere Wege, eine Kultur der Stille zu pflegen. Man kann sich zum Beispiel auch beim Sammeln von Beeren „sammeln" und stille werden. Silja Walter jedenfalls sieht es so:

„Gott sei Dank gibt es die Schweigezeit. Da kann man heraus aus allem, aus sich selber und da sein. Es

---

[3] Erhart Kästner, a.a.O., S. 88.

[4] Elias Canetti, a.a.O., S. 21

ist, als höre man dann das leise Brausen des Jenseits. Und man stellt das innere Tasten fest, das Hineintasten ins Nichts, wie kommt das? Warum ins Nichts? Weil dort das Alles ist, das Andere. Aus dem komme ich her, und dahin muss ich zurück. Das weiß ich, das erfährt man in der Schweigezeit. Man muss von innen her heraus aus unserm verlebten, sich dauernd verbrauchenden Herumleben im Dingegewimmel des Daseins."

Am liebsten würde sie immer irgendwo stille sitzen:

„Man müsste Tag und Nacht still und allein irgendwo sitzen und ins Leere schauen. Ich kann es nicht ändern, ich denke immer: das einzig Richtige wäre, still und allein irgendwo sitzen, wo nichts ist, ich meine, wo es keine Gegenden gibt auf der Welt."

Aber dann stellt sie beruhigt fest, dass sie immer und überall die Stille pflegen kann:

„Die späten Himbeeren sind reif. Ich werde mich zum Pflücken melden müssen. Gesammelt bleiben. Geht gut beim Beerenpflücken. Sammlung ist kein Zustand. Ist ein Sich-dauernd-neu-Zusammenholen an einen inneren Ort... Das Pflücken lenkt nicht ab. Man sammelt dabei nicht nur die Beeren, sondern auch sich selbst."[5]

So einfach ist das!

---

[5] Silja Walter, Die Beichte im Zeichen des Fisches. Ein geistliches Tagebuch, Fribourg 1999, S. 136; 126; 146.

3. Der Stille leise die Hand hinhalten

Es führen verschiedene Wege zur Stille, aber keiner führt an mir selbst vorbei, und keiner kommt ohne geduldige achtsame Wahrnehmung aus. Bernhard von Clairvaux mahnt denn auch den vielbeschäftigten Papst Eugen III. neben allen andern Menschen sich nicht zu vergessen! Er sei ja schließlich auch ein Mensch:

„Höre also, was ich rügen und raten möchte: Wenn du dein ganzes Leben und Wissen für die Tätigkeit aufwendest, für die Besinnung aber nichts, soll ich dich da etwa loben?... Wenn du vom gleichen Wunsch beseelt bist, für alle da zu sein, wie der Apostel, der allen alles geworden ist, so lobe ich deine Menschenliebe, doch nur, wenn sie vollkommen ist. Wie kann sie aber vollkommen sein, wenn du ausgeschlossen bist? Auch du bist ein Mensch. Die Menschenliebe kann somit nur dann umfassend und vollständig sein, wenn das Herz, das alle umschließt, auch dich aufnimmt. Denn was nützt es dir sonst, wenn du alle gewinnst, wie der Herr sagt, nur dich selbst aber verlierst? Wenn dich deshalb alle in Beschlag nehmen, so sei auch du selber einer von ihnen. Wieso sollst nur du um das Geschenk deiner selbst betrogen werden? Wie lange noch willst du ein Geist sein, der ausgeht, aber nicht heimkehrt? Wie lange noch willst du dich nicht auch selbst empfangen, wenn unter den anderen die Reihe an dich kommt? Klugen und weniger Klugen bist du verpflichtet, nur dir allein willst du dich versagen? Törichte und Weise, Sklaven und Freie, Reiche und Arme, Männer und Frauen, Alte und Junge, Kleriker und Laien, Gerechte und Ungerechte, alle haben gleichermaßen Anteil an dir, alle schöpfen aus deinem Herzen wie aus einer öffentlichen Quelle. Nur du allein willst abseits stehen und dürsten?... Schließlich: Wer gegen sich selbst böse ist, gegen wen ist der gut? Achte also darauf, dass du dir – ich will nicht sagen, immer, nicht einmal häufig, doch dann und wann – Zeit für dich selber nimmst!"[6]

Die Pflege der Stille braucht Zeit. Und sie braucht einen Rhythmus: Wochen im Jahr, einen Tag jeden Monat oder alle drei Monate, eine Stunde in der Woche, ein paar Minuten am Tag, an denen ich Einkehr halte und Stille pflege. Nicht wenige Menschen gönnen sich heute einen „Wüstentag". Was ist damit gemeint und wie ist er zu gestalten? Dazu gibt Johannes Bours in seinem Buch *Der Mensch wird des Weges geführt, den er wählt*[7] so treffende Anweisungen, dass ich einen Abschnitt daraus hier wiedergebe:

„Ein Wüstentag bedeutet: einen ganzen Tag mit sich allein in der Stille sein. Wir nennen ihn Wüstentag, weil es ein Tag in Einsamkeit sein soll, auch wenn ich ihn in einem angenehmen Haus und in einer schönen Landschaft verbringe. Aber ich muss

---

[6] Bernhard von Clairvaux, Sämtliche Werke lateinisch/deutsch. Innsbruck 1990, Band I, S. 639 ff.

[7] Johannes Bours, Der Mensch wird des Weges geführt, den er wählt, Freiburg im Breisgau 1990, S. 190 f.

mit mir allein sein; ich muss mich an diesem Tag mir selber stellen. Es ist also kein Tag, an dem liegen gebliebene Briefe beantwortet, Zeitschriftenaufsätze gelesen oder Bücher exzerpiert werden.

Mein Vorschlag: Alle drei Monate, also einmal im Vierteljahr, einen Wüstentag halten! Er muss lange vorher im Terminkalender eingetragen werden, sonst wird nie Zeit dafür da sein. Früher habe ich gedacht, es wäre gut, einen solchen Tag jeden Monat zu halten. Aber ich habe gefunden, dass das für die meisten eine Überforderung ist. Eine Spanne von drei Monaten ist die Zeit, die noch überschaubar ist, in der Trends erkennbar sind.

Ich muss von zu Hause weggehen. Auch wenn mich zu Hause niemand stören würde – die gewohnte Umgebung würde zu viele Möglichkeiten des Ausweichens, der Ablenkung bereithalten. Ich suche mir ein Haus, wo man mich in Ruhe lässt. Am besten wäre es, wenn ich mir diesen Tag mit beiden Übernachtungen nehmen kann, sonst aber von morgens bis zum anderen Morgen, notfalls von morgens bis abends.

Was tut man an einem solchen Tag? Jemand sagte mir: Ich habe an meinem letzten Wüstentag so etwas wie eine ‚Hochrechnung' gemacht; wenn es so weitergeht, wie es im letzten Vierteljahr war, dann kann ich ‚ausrechnen', wie es nach dem nächsten Vierteljahr aussehen wird.

Nicht müde werden lautet der Titel eines Gedichtes von Hilde Domin[8]. Dieser Titel und die kurzen Verse sind wie ein Programm für die Kultur der Stille:

> Nicht müde werden
> sondern dem Wunder
> leise
> wie einem Vogel
> die Hand hinhalten.

Die Pflege der Stille braucht nicht nur Zeit und einen Rhythmus; sie braucht auch Geduld und Fingerspitzengefühl. Unter Druck und Zwang gedeiht sie schlecht. Halten Sie deshalb der *Stille* leise die Hand hin wie einem Vogel. Er wird sich an Sie gewöhnen, und Sie werden sein Lied, den „Klang des Schweigens" vernehmen – auch mitten auf dem Marktplatz des Lebens.

[8] Hilde Domin, Gesammelte Werke, Frankfurt am Main 1987.

Quellennachweise

Rose Ausländer, Wir sind verbrüdert, aus: dies: Die Erde war ein atlasweißes Feld. Gedichte 1927–1956. © S. Fischer Verlag GmbH, Frankfurt am Main 1985

Rose Ausländer, Im All, aus: dies: Und preise die kühlende Liebe der Luft. Gedichte 1983–1987, © S. Fischer Verlag GmbH, Frankfurt am Main 1988

Rose Ausländer, Verwandter Träumer, aus: dies: Und preise die kühlende Liebe der Luft. Gedichte 1983–1987, © S. Fischer Verlag GmbH, Frankfurt am Main 1988

Max Bolliger, Ausgeschickte Taube, in: Ausgeschickte Taube, Gedichte, Eirene Verlag, Küsnacht 1958, S. 5 © Max Bolliger

Madeleine Delbrêl, Der Ball des Gehorsams (gekürzt), aus: dies: Gott einen Ort sichern. Texte, Gedichte, Gebete, hg. von Annette Schleinzer, © Schwabenverlag AG, Ostfildern, 2. Aufl. 2002, S. 71 ff.

Hilde Domin, Nicht müde werden, aus: dies: Gesammelte Gedichte, © S. Fischer Verlag GmbH, Frankfurt am Main 1987

Silvia Ostertag (alle Texte) in: Lebendige Stille. Einstimmung und Einübung, © Verlag Herder, Freiburg im Breisgau, 2. Aufl. 2003

Silja Walter, Lied der Armut, in: Silja Walter, Gesamtausgabe, Bd. 8, © Paulus-Verlag, Freiburg Schweiz 2003, S. 39

Anmerkung des Verlages:
Wir danken den Verlagen und Rechteinhabern für die Erteilung der Abdruckgenehmigungen. Bei einigen Texten war es trotz gründlicher Recherchen nicht möglich, die Inhaber der Rechte ausfindig zu machen. Honoraransprüche bleiben bestehen.

Lebenskunst

Niklaus Brantschen
Fasten neu erleben
Warum, wie, wozu?
Band 4058

Fasten ist mehr als nicht essen. Es weckt Sehnsucht nach einem veränderten Leben: gesund werden, aber auch fastend sich selber finden.

Niklaus Brantschen
Erfüllter Augenblick
Wege zur Mitte des Herzens
Band 5030

Lärm, Unruhe, Hektik, Stress, Zerstreutheit – damit unser Leben nicht davon überwältigt wird, können wir Oasen der Stille suchen und ein neues Gefühl für das Leben finden.

Thich Nhat Hanh
Lächle deinem eigenen Herzen zu
Wege zu einem achtsamen Leben
Band 4883

Die einfache, tiefe Botschaft an Menschen, die in der Hektik des Alltags beim Gehen schon ans Rennen denken.

Thich Nhat Hanh
Schlüssel zum Zen
Der Weg zu einem achtsamen Leben
Band 5335

Der Klassiker der Zenliteratur: So erschließt Achtsamkeit im Alltag für jeden Quellen der Lebensfreude.

Jon Kabat-Zinn
Im Alltag Ruhe finden
Das umfassende praktische Meditationsprogramm
Band 5132

Eine Fülle von Tipps, wie sich alltägliche Situationen in meditative Übungen umwandeln lassen und wie man neue Kraft aus eigener Stärke gewinnt.

HERDER spektrum

Pierre Stutz
Meditationen zum Gelassenwerden
Band 4975

Konkrete Übungen und Rituale, die helfen, mitten im Stress die Aufmerksamkeit für das Wesentliche zurückzugewinnen.

Gary Thorp
Zen oder die Kunst, den Mond abzustauben
Band 5411

An Hausarbeit z. B. Spaß haben – gibt's das? Putz die Sonne, staub den Mond ab! Ein inspirierender Zen-Begleiter für den Alltag, um gelassen durchs Leben zu gehen und Hektik und schlechte Laune hinter sich zu lassen.

Rudolf Walter (Hg.)
Lass dir Zeit
Entdeckungen durch Langsamkeit und Ruhe
Band 5178

Ein Buch, das inspiriert, sich der Flüchtigkeit zu widersetzen und Wege zum Wesentlichen zu suchen.

Alan Watts
Leben ist jetzt
Der östliche Weg der Befreiung und die Verwandlung des Selbst
Hg. von Mark Watts / Rebecca Shropshire
Band 5139

Die meisterhafte und spielerische Verbindung von westlichem Denken und östlicher Erfahrung: Alan Watts vermittelt souveräne Gelassenheit und die Einsicht, dass es vor allem auf den Moment ankommt.

Alan Watts
Zen Zen
Die Weisheit des Nichtstuns
Band 5271

Das Gegenrezept zum stressigen Dasein: Zen als Lebensstil und Lebenskunst – einfach und gelassen, mit Esprit und Humor.

Willigis Jäger
Geh den inneren Weg
Texte der Achtsamkeit und Kontemplation
Band 4862

Willigis Jäger ist einer der bedeutendsten spirituellen Lehrer unserer Zeit: tief verwurzelt mit einem kontemplativen Christentum und vertraut mit dem radikalen Weg der östlichen Leere.

Willigis Jäger
Die Welle ist das Meer
Mystische Spiritualität
Hg. von Christoph Quarch
Band 5046

Mystik, was ist das – ganz praktisch? Eine Sicht, die enge Grenzen sprengt und den tiefen Reichtum auch anderer religiöser Kulturen erschließt.

Willigis Jäger
Kontemplation
Gott begegnen – heute
Band 5278

Schritt für Schritt zeigt der Autor den Weg auf, der darin besteht, loszulassen und sich einzulassen auf Erfahrungen des Göttlichen.

Anselm Grün
Das kleine Buch der Lebenslust
Band 7027

Lebenslust – Lass dich verzaubern. Nimm dir Zeit für deine Seele, höre auf deinen Leib – und genieße mit allen Sinnen.

Anselm Grün
Buch der Sehnsucht
ISBN 3-451-28111-2

Inspiriert von Weisheiten der Dichter und Kennern der menschlichen Seele ermuntert Anselm Grün, sich der Kraft der eigenen Seele anzuvertrauen. Seine Botschaft: Hör auf die Träume des eigenen Herzens. Geh deiner Sehnsucht auf den Grund. Das wird dein Leben verwandeln.

HERDER